Leben – so wie Sie es eigentlich wollen

Gijs Jansen

Leben – so wie Sie es eigentlich wollen

Mehr Selbstakzeptanz entwickeln mithilfe von ACT

Aus dem Niederländischen übersetzt von Waltraud Heitzer-Gores

hogrefe

Gijs Jansen ist Psychologe, Supervisor und Ausbilder für Akzeptanz- und Commitment-Therapie (ACT). Er lebt und arbeitet in den Niederlanden und ist Autor mehrerer Bücher zur ACT.

Titel der Originalausgabe:
Gijs Jansen: Leef! ... zoals je eigenlijk zou willen.

Bibliografische Information der Deutschen Nationalbibliothek
Die Deutsche Nationalbibliothek verzeichnet diese Publikation in der Deutschen Nationalbibliografie; detaillierte bibliografische Daten sind im Internet über http://dnb.dnb.de abrufbar.

Hogrefe Verlag GmbH & Co. KG
Merkelstraße 3
37085 Göttingen
Deutschland
Tel. +49 551 999 50 0
Fax +49 551 999 50 111
info@hogrefe.de
www.hogrefe.de

Umschlagabbildung: © iStock.com by Getty Images / Tom Merton
Illustrationen: Klaus Gehrmann, Freiburg; www.klausgehrmann.net
Satz: Michael Kleine, Hogrefe Verlag GmbH & Co. KG, Göttingen
Druck: mediaprint solutions GmbH, Paderborn
Printed in Germany
Auf säurefreiem Papier gedruckt

1. Auflage 2022

(E-Book-ISBN [PDF] 978-3-8409-3101-7; E-Book-ISBN [EPUB] 978-3-8444-3101-8)
ISBN 978-3-8017-3101-4
https://doi.org/10.1026/03101-000

Vorwort

Gijs Jansen war der erste Student der Klinischen Psychologie in Nijmegen, der die Akzeptanz- und Commitment-Therapie (ACT) in die Praxis umsetzte und zum Thema seiner Diplomarbeit machte. Diese neue Form der kognitiven Verhaltenstherapie basiert auf Erkenntnissen aus der modernen Lerntheorie, der klinischen Praxis und auf alten fernöstlichen Weisheiten, wie dem Buddhismus oder der japanischen Morita-Therapie. Außerdem integriert die ACT die besten Aspekte aus unterschiedlichen psychotherapeutischen Strömungen, wie der Psychoanalyse, klassischen Verhaltenstherapie, klientenzentrierten Psychotherapie (nach Rogers), Gestalttherapie und vielen anderen.

Wir Menschen sind permanent gefordert, uns in einer sich ständig verändernden Welt zurechtzufinden. Unser Verstand ist im Dauer-Aktiv-Modus mit dem Überleben beschäftigt. Die Devise lautet: Friss oder stirb!

Manchmal sehen wir jedoch nur noch das Negative, und wir ersticken an unserem eigenen Geschwafel. Was ACT uns sagt, klingt zunächst paradox: Erst wenn wir damit *aufhören,* unsere Gedanken (mit Mut und Macht) ändern zu wollen, können negative Gedanken und Gefühle verschwinden. Sollen Sie das glauben?

Nein, Sie müssen es erleben. Erfahrung ist die beste Therapie. Aber um welche Art von Erfahrung handelt es sich hierbei? Das ist das Thema dieses Buches. Gijs Jansen präsentiert eine Methode, die den Leserinnen und Lesern Möglichkeiten eröffnet, sich selbst und die Welt, in der sie leben, anders wahrzunehmen. Der Autor tut dies nicht mithilfe von wissenschaftlichen Ausführungen, sondern mithilfe von Denk- und Mitmach-Übungen, die das Erleben der negativen Gedanken und schmerzhaften Empfindungen verändern. Dies ist vor allem von Bedeutung, wenn negative Gedanken und Empfindungen unser Leben zu beherrschen drohen und wir von einem lebendigen Kontakt mit dem Hier und Jetzt abgeschnitten sind …

Die negativen Gedanken und Gefühle sind Produkte unseres Verstands, der sich manchmal zu wichtig nimmt und den Blick auf neue Erfahrungen, die wir gern machen möchten, verstellt. Dieses Buch kann Ihnen dabei helfen, zu entdecken, wie Sie wirklich sein wollen.

Hubert de Mey

Dr. Hubert de Mey ist Universitätsdozent
an der Radboud-Universität Nijmegen.

Inhaltsverzeichnis

Einführung

Manchmal sind wir Menschen so sehr mit unseren Gedanken beschäftigt, dass wir fast vergessen, im Hier und Jetzt zu leben. Wenn ich an einem strahlend schönen Tag durch die Stadt gehe, sehe ich viele Menschen, die in Gedanken versunken sind, unfähig, ihre Umgebung wahrzunehmen oder gar zu genießen. Wie können wir unsere sorgenvollen Gedanken über uns und die Welt, in der wir leben, loslassen? Dieses Buch zeigt Ihnen in einer Schritt-für-Schritt-Anleitung, wie Sie „aus dem Kopf heraus" und ins Leben hineinkommen können.

Die Therapieform, auf der dieses Buch basiert, heißt *Akzeptanz- und Commitment-Therapie* (ACT). ACT geht davon aus, dass wir Menschen durch unsere Erfahrungen geformt werden. Wir ziehen Schlüsse aus unseren Erfahrungen und passen unser Verhalten daran an. Eine wichtige Rolle spielt dabei unser Verstand.

In diesem Buch verwende ich den Begriff „Verstand" als eine Instanz, die losgelöst ist von unserer wahren Identität. Zur ACT-Theorie gehört die Vorstellung, dem „Denken" zwar kritisch, aber nicht feindselig zu begegnen. Das bedeutet, dass wir nicht alles für bare Münze nehmen sollten, was unsere Gedanken uns vorgaukeln, denn der Verstand ist oft kein guter Ratgeber. Wenn man seine Gedanken immer sehr ernst nimmt, reibt man sich am Ende in Dauer-Diskussionen zwischen positiven und negativen Gedanken auf.

Warum ist es so entscheidend, zu lernen, sich von seinem Verstand zu distanzieren oder, anders gesagt, „aus dem Kopf heraus" zu kommen? Studien haben gezeigt, dass uns täglich im Schnitt etwa 40.000 Gedanken durch den Kopf gehen. Bei gesunden und glücklichen Menschen beträgt der Anteil der negativ gefärbten Gedanken etwa 70 %. Das kommt daher, dass Angst der größte Motivator für unser Verhalten ist. Früher war dies ein notwendiger und sinnvoller Mechanismus. In einer Zeit, in der es noch gefährliche Tiere gab, war der Mensch oft in Gefahr, und es war „klug", sich zu fürchten. Aber heutzutage stellen die meisten Dinge, vor denen wir uns fürchten, keine reale Bedrohung mehr da, und Gefahren für Leib und Leben sind stark zurückgegangen. Unser Verstand beschäftigt sich umso mehr mit „Scheingefahren“, besonders auch mit *emotionalem* Schmerz, wie der Angst vor Zurückweisung, Depressivität oder Einsamkeit.

Dieses Buch verfolgt das Ziel, Ihnen dabei zu helfen, sich von negativen Gedanken und Ängsten zu befreien. In Kapitel 1 werden wir uns ansehen, wie unsere Wahrnehmung funktioniert und wie wir oft genau die Dinge sehen, die wir auch erwarten. In den beiden darauffolgenden Kapiteln werden wir erkunden, wie Überzeugungen entstehen und wie wir Dinge sehen, hören und spüren können, die gar nicht da sind. Die Kapitel 4 und 5 liefern Ihnen Handwerkszeug, um die Macht der Gedanken einzuschränken, damit Sie mit einem klaren Blick auf die Frage: „Wer bin ich wirklich?“ schauen können. Anschließend geht es um das Erleben des Hier und Jetzt und die Frage, wie es uns gelingen kann, das zu tun, was wir wirklich tun wollen. Zum Schluss möchte ich Sie dazu anregen, mehr im Hier und Jetzt zu verweilen, indem Sie mit Ihren Sinnen in Kontakt treten und unmittelbare Erfahrungen im gegenwärtigen Moment zulassen. Im Fächer *Achtsam durch den Tag* (Jansen, 2020) finden Sie dafür geeignete Achtsamkeitsübungen.

In diesem Buch gibt es viele Tipps, Arbeitsblätter und Übungen, die Sie auf Ihrem Weg zu Ihrer wahren Identität unterstützen sollen. Dafür habe ich einige bekannte Strategien und Methoden der ACT übernommen und mir selbst ein paar neue Ideen, Übungen und Metaphern ausgedacht.

Ich wünsche Ihnen viel Erfolg!

Gijs Jansen

1 Ich sehe was, was du nicht siehst

Wie ist es zu erklären, dass Menschen Dinge so unterschiedlich erleben? Wie kann es sein, dass wir ähnliche Sachen erleben, aber völlig unterschiedliche Geschichten darüber erzählen?

> Bei schönem Wetter halte ich mich gern in einem kleinen Park im Stadtzentrum auf. Inmitten der Hektik der Stadt ist das für mich ein herrlicher Ort, an dem ich mich von einem langen Arbeitstag erholen kann. Oft sitze ich einfach da und beobachte das Geschehen. Kürzlich betrachtete ich eine Weile einen Baum. Eigentlich war ich gedanklich nicht ganz bei der Sache. Ich dachte darüber nach, was ich an dem Tag alles getan hatte und ob ich auch alles richtig gemacht hatte. Ab und zu schaute ich dann ganz bewusst den Baum an, aber hauptsächlich, weil er zufällig direkt in meinem Blickfeld stand, und nicht, weil ich den Baum so besonders fand.
>
> Nach zehn Minuten schaute ich plötzlich direkt in das aufgeweckte Gesicht eines Eichhörnchens. Ich bin erschrocken, als ich es so plötzlich sah, und mir wurde bewusst, dass es schon die ganze Zeit über in dem Baum gewesen war, direkt vor meiner Nase. Erst nach zehn Minuten sah ich das wunderschöne Tier. Ich schaute die ganze Zeit den Baum an, sah das Eichhörnchen aber nicht.

Ist es nicht eine verrückte Vorstellung, dass wir häufig Dinge gar nicht sehen oder Dinge sehen, die vielleicht gar nicht da sind? Das würde ja bedeuten, dass *unsere Realität davon abhängt, wie wir uns der Realität nähern.* Wir sind alle davon überzeugt, dass das, was wir sehen, „wahr“ ist. Wenn dann jemand anderes seine Version der Wahrheit mit uns teilt, glauben wir ihm oft nicht. Wir sind davon überzeugt, dass das, was wir sehen und was wir davon halten, wahr ist, und widersprechen dann Menschen, die etwas anderes sehen oder meinen.

So ist ein Mensch mit einem negativen Selbstbild für Komplimente eher nicht zugänglich. Er wird, wenn er Komplimente bekommt, abwiegeln oder schnell das Gesprächsthema wechseln, nur, weil er nicht glauben kann, dass jemand etwas Positives in ihm sieht. Er hört faktisch nicht, was ihm gesagt wird. Es gibt viele Momente, in denen wir nicht merken, dass wir Dinge sehen, die gar nicht vorhanden sind, oder Dinge nicht sehen, obwohl sie da sind.

Wie nehmen wir wahr?

Lassen Sie uns einmal näher betrachten, wie unser Wahrnehmungssystem funktioniert. Zuerst nehmen unsere Augen wahr, was um uns herum geschieht. Aber was geschieht danach mit dem Film, den unsere Augen aufgenommen haben? Der Film wird in unserem visuellen Kortex verarbeitet. Dieser Teil unseres Gehirns verarbeitet die Information, die von den Augen aufgenommen wird.

Und jetzt kommt der Haken an der Sache: Unser Gehirn kann nicht alle Informationen, die zu den Augen gelangen, verarbeiten. Weniger als 10 % dessen, was die Augen wahrnehmen, wird vom Gehirn bewusst verarbeitet. Das bedeutet, dass wir im Grunde genommen weniger als 10 % dessen, was unsere Augen wahrnehmen, sehen. Ein Beispiel: Wenn Sie ein Foto ansehen, richten Sie Ihre Aufmerksamkeit auf einige bestimmte Aspekte des Fotos (etwa die Person, die auf dem Foto zu sehen ist). Alles andere sehen Sie eigentlich nicht bewusst.

Es gibt vieles, was wir nicht bewusst sehen. Das ist in vielen Fällen unproblematisch, weil nicht alles immer wichtig ist. Bei einem Foto interessiert uns oft nur die Person, die darauf zu sehen ist, und der Rest ist für uns unwichtig.

Übung:
Urlaubsfotos aufmerksam betrachten

Nehmen Sie ein paar alte Urlaubsfotos zur Hand und schauen Sie 15 Minuten lang alles um die Menschen herum aufmerksam an. Schauen Sie den Himmel an, die Straße, den Lichteinfall, die Berge oder die Tiere, die auf diesen Fotos im Hintergrund festgehalten wurden. Machen Sie das so aufmerksam wie möglich und so lange, bis Ihnen etwas Neues auffällt. Das ist ein gutes Training, um Ihre Augen für Dinge zu öffnen, die Sie vorher nicht gesehen haben.

Wir können Dinge auch auf andere Weise wahrnehmen: Wir können fühlen, hören und riechen. Aber auch dann nehmen wir nur *einen Teil* dessen wahr, was um uns herum geschieht. Wer Sport macht, kennt das Gefühl, alles um sich herum zu vergessen und weder Schmerz noch Müdigkeit zu spüren, obwohl man sich richtig angestrengt hat. Das sind Momente, in denen man merkt, dass man derart von einem Gefühl überwältigt sein kann, dass man viele andere Dinge nicht mehr bewusst wahrnimmt. Sport ist also auch ein Mittel, um Schmerz und Müdigkeit „wegzuzaubern".

Diesen Mechanismus kann man auch umdrehen: Es kann vorkommen, dass wir Dinge spüren, die gar nicht vorhanden sind. Zum Beispiel gibt es ein Experiment, bei dem die Versuchspersonen glaubten, stark alkoholhaltige Getränke zu trinken. In Wirklichkeit waren die Getränke aber alkoholfrei. Trotzdem hatten fast alle Versuchspersonen das Gefühl, betrunken zu sein, und sie verhielten sich auch so. Da diese Menschen erwarteten, betrunken zu werden, wurden sie es auch.

Vor kurzem wartete ich auf eine Freundin, die mich besuchen wollte. Sie war zu spät, und das ist untypisch für sie. Ich bin tatsächlich dreimal zur Haustür gegangen, weil ich dachte, die Klingel gehört zu haben. Ich habe so sehr damit gerechnet, dass sie pünktlich kommen würde, dass ich bei jedem Geräusch glaubte, die Klingel gehört zu haben.

Mit diesen Beispielen möchte ich zeigen, dass uns manchmal gar nicht so bewusst ist, was sich bei uns selbst und um uns herum abspielt, auch wenn wir in dem Moment glauben, dass wir uns sehr wohl im Klaren darüber sind.

Übung:
Weitere Beispiele sammeln

Nennen Sie selbst ein paar Beispiele von Momenten, in denen Sie dachten, hörten oder spürten, dass irgendetwas passiert, obwohl nichts dergleichen geschehen ist. Solche Beispiele können Ihnen im Folgenden dabei helfen, das, was ich eigentlich sagen möchte, nachzuvollziehen.

Was ist wahr?

Ist das Glas halb voll oder halb leer? Wenngleich dieser Spruch ein wenig abgedroschen ist, trägt er dennoch viel Wahrheit in sich. Da wir die Welt durch eine gefärbte Brille betrachten, werden die Dinge um uns herum entsprechend positiv oder negativ aufgeladen. Haben wir „nur" drei Monate Sommer oder ein Viertel des Jahres schönes Wetter? Müssen wir 40 Stunden pro Woche arbeiten, oder haben wir 128 Stunden pro Woche frei? Würden Sie sagen, dass Sie noch viel dazulernen müssen oder dass Sie gerade dabei sind, das Beste aus Ihrem Leben herauszuholen? Der Ausgangspunkt, den wir wählen, entscheidet, ob etwas positiv oder negativ klingt.

Diese Beispiele zeigen, wie wir unserer Realität einen Anstrich geben. Es geht meist nicht darum, was geschieht, sondern wie wir das Geschehen unbewusst interpretieren. *Das* ist entscheidend dafür, ob etwas in unseren Augen gut oder schlecht ist.

Wir Menschen sind geborene Pessimisten. Von klein auf lernen wir, wovor wir uns zu fürchten haben, was schlecht oder was hässlich ist usw. Wir neigen sehr dazu, viele Dinge (vor allem uns selbst) negativ zu betrachten. Nun, nicht ganz: Es gibt ja aber auch viel Positives. Als wir Kinder waren, haben wir positive Dinge ganz selbstverständlich wahrgenommen und darauf reagiert. Im Laufe unseres Lebens haben wir jedoch „gelernt", unser spontanes Verhalten hierauf einzuschränken.

Nun stellt sich die Frage: Was ist wahr? Zum Beispiel: Wenn Sie sich selbst hässlich finden, inwiefern sind Sie es tatsächlich? Es wird sicher Menschen in Ihrem Umfeld geben, die eine völlig andere Meinung über Ihr Aussehen haben. Es gibt also einmal mehr verschiedene Sichtweisen und Wahrheiten.

Auf Entdeckungsreise ...

Ich lade Sie ein, mit mir zusammen auf die Suche nach neuen Wahrheiten zu gehen. Ziel der meisten Bücher in diesem Genre ist, dass Sie, die Leserinnen und Leser, nach der Lektüre positiver über sich selbst und die

Menschen in Ihrem Umfeld denken. Darum geht es mir im Kern jedoch nicht. Das klingt vielleicht seltsam, weil es ja letztlich der Plan ist, dass Sie mithilfe meines Buches „besser zurechtkommen". Mein Ziel ist, dass Sie nach dem Lesen dieses Buches mehr Gedanken und Gefühle über sich selbst und Ihr Umfeld *zulassen*. Es kann ja durchaus sein, dass das, was Sie denken, tatsächlich wahr ist. Ich werde Sie nicht auffordern, positiv über Dinge zu denken, die es womöglich gar nicht sind. Wenn Sie sich hässlich und wertlos fühlen, wer bin ich dann schon, um Ihnen zu widersprechen? Ohne die Absicht, Sie vom Gegenteil überzeugen zu wollen, möchte ich aber dennoch versuchen, die Dinge einmal aus einem anderen Blickwinkel heraus zu betrachten. Vielleicht kommen Sie dann von selbst auf andere Gedanken und entdecken Wahrheiten, die Sie vorher nicht sehen konnten?

Von der anderen Seite betrachtet

Wir vertrauen meist unserer eigenen Wahrheit, weil wir daran gewöhnt sind, die Dinge aus einem bestimmten Blickwinkel heraus zu sehen oder zu hören. Vergleichen Sie es mit Momenten, in denen Sie Ihre eigene Stimme auf einer Aufnahme hören. Jeder, der sich zum ersten Mal auf diese Weise selbst sprechen hört, erschrickt. Denn die eigene Stimme klingt für uns selbst sonst völlig anders. Trotzdem ist es dieselbe Stimme, derselbe Klang. Es ist unsere Position (sprechen bzw. zuhören), die bestimmt, wie wir uns selbst hören. Können Sie sich vorstellen, dass Sie womöglich viele neue Dinge erleben und entdecken werden, wenn Sie diese Erkenntnis einmal auf Ihre Gedanken und Überzeugungen sowie auf Ihre Art, Dinge zu sehen, übertragen?

Die Vorstellung, die diesem Buch zugrunde liegt, ist, dass Sie letztlich in der Lage sein werden, „psychologisch flexibler" zu sein. Psychologisch flexibel zu sein, heißt, die Dinge aus verschiedenen Blickwinkeln betrachten zu können. Dies ermöglicht Ihnen, Entscheidungen zu treffen oder Schlussfolgerungen zu ziehen, die der tatsächlichen Situation besser gerecht werden. Damit Sie diese Erfahrung machen können, werde ich Ihnen Übungen und Tipps anbieten, die geeignet sind, sich Ihren Gedanken, Ihren Gefühlen und den Umständen aus unterschiedlichen Richtungen zu nähern – unabhängig davon, ob das Ergebnis positiv oder negativ ist. Es geht mir nicht darum, ob Sie positiv oder negativ über sich selbst und Ihr Leben denken. Für mich geht es vor allem darum, dass wir uns und unser Leben immer nur aus der einen Perspektive wahrnehmen. Sehen Sie sich einmal als Regisseur des Films, in dem Ihr Leben gezeigt wird. Wenn Sie nur eine einzige Kamera haben und alles immer aus dem Blickwinkel dieser Kamera filmen, entsteht ein ziemlich einseitiges Bild Ihres Lebens. Mit diesem Buch möchte ich Sie in die Lage versetzen, mit mehreren Kameras zu arbeiten, wodurch Ihr Film interessanter wird. Vor allem hoffe ich, dass Sie durch dieses Buch einen breiteren, realistischeren Blick auf sich selbst und das Leben bekommen werden.

Sich selbst erfüllende Prophezeiungen

Wenn Sie offen für die Vorstellung sind, dass „die Wirklichkeit" hauptsächlich aus unseren Erwartungen gebildet wird, können Sie sich aus Ihrem eigenen „Käfig" befreien. Ich will damit sagen, dass wir uns selbst enorme Einschränkungen auferlegen können; durch ein negatives Selbstbild zwängen wir uns in eine Wahrheit, die uns unglücklich macht. Wenn Sie der Meinung sind, Sie seien ein wertloser Mensch, werden Sie sich auch entsprechend dieser Meinung verhalten. Im Allgemeinen wird Ihr Umfeld diese Haltung dann bestätigen. Warum? *Weil Sie so gut wie ausschließlich das aus Ihrer Umgebung herausfiltern werden, was Ihre Erwartungen bestätigt!*

Ihr negatives Selbstbild bestimmt Ihre Sensibilität für die Außenwelt. Das können Sie sich buchstäblich wie eine Art Allergie vorstellen. Wenn Sie allergisch auf Milch reagieren, genügt ein kleiner Schluck, um Sie krank zu machen. Wenn Sie mit Ihrem Äußeren unzufrieden sind, genügt die kleinste Bemerkung, um Sie ärgerlich oder traurig zu stimmen.

Das Heilmittel gegen diese Allergie könnte daraus bestehen, sich von den negativen Diskussionen im Kopf zu befreien. In diesem Buch werden wir uns deshalb hauptsächlich mit Übungen beschäftigen, die sich außerhalb des Kopfes abspielen. Von außen werden wir uns alles anschauen, was Ihre Welt ausmacht. Wenn Sie mit mir „nach draußen" gehen, kann das eventuell ein komisches Gefühl erzeugen. Man muss sich daran gewöhnen, sich selbst und die Welt aus einem völlig anderen Blickwinkel zu sehen (wie das auch der Fall ist, wenn Sie Ihre eigene Stimme von einer Aufnahme hören). Aber Sie werden sich daran gewöhnen, lassen Sie sich die Zeit, die Sie dafür brauchen.

Der größte Gewinn wird sein, dass Sie Neues über sich und die Welt erfahren werden. Dazu können natürlich auch negative Dinge zählen. Jeder Mensch hat sowohl positive als auch negative Eigenschaften. Das können wir auch in diesem Buch nicht ausblenden, und wenn Sie diese Methode intensiv anwenden, werden Sie entdecken, dass Sie es gar nicht ausblenden müssen. Dies ist ein wichtiger Punkt. Viele Menschen, die diese Therapieform angewandt haben, bezeichnen es als großen Gewinn, dass sie den Kampf zwischen positiven und negativen Gedanken und Umständen nun nicht mehr ausfechten müssen. Wer im Kampf mit sich selbst lebt, dem bietet dieses Buch einen praktischen Aktionsplan, um dieses Kriegsbeil begraben zu können.

Zusammenfassung

Die Realität, wie wir sie erleben, hängt davon ab, wie wir uns dieser Realität annähern. Unsere Gedanken bewirken, dass wir Dinge sehen, die gar nicht da sind, oder umgekehrt vorhandene Dinge nicht sehen. Nur 10 % dessen, was wir mit unseren Sinnen wahrnehmen, sehen wir wirklich bewusst. Viele dieser Prozesse laufen völlig unbewusst ab und werden stark von unseren Erwartungen beeinflusst. Das macht unsere Realität äußerst subjektiv, weil wir oft nur das sehen, was wir zu sehen erwarten. Wenn Sie sich einmal bewusst und zielgerichtet aus verschiedenen Blickwinkeln heraus betrachten, werden Sie in der Lage sein, neue Dinge sowohl über sich selbst als auch über die Welt um Sie herum zu entdecken.

Tipp

- Nehmen Sie sich noch einmal die Übung von Seite 12 zur Hand. Betrachten Sie auf alten Urlaubsfotos eine Viertelstunde lang aufmerksam alles, was außer den abgebildeten Menschen auf den Fotos zu sehen ist. Schauen Sie den Himmel an, die Straßen oder Wege, den

Lichteinfall, die Berge oder Tiere im Hintergrund. Machen Sie das so aufmerksam wie möglich und so lange, bis Ihnen etwas Neues auffällt. So können Sie üben, Ihre Augen für Dinge zu öffnen, die Sie vorher nicht gesehen haben.

2 Wie Überzeugungen entstehen

Oft erkennen wir gar nicht, wie viel Einfluss wir tatsächlich auf unser Leben haben. Uns ist einfach nicht bewusst, welch großen Anteil wir selbst an allem haben, was wir erleben. Hinzu kommt, dass wir uns vorzugsweise mit den Dingen beschäftigen, die wir gerade nicht ändern können.

Schauen Sie sich die Aufzählung folgender Argumente an. Wir benutzen solche Argumente oft, wenn wir erklären wollen, warum wir Probleme in unserem Leben haben:

- Das kommt, weil ich so erzogen wurde.
- Ich bin nun einmal sehr zurückhaltend.
- Es gibt Dinge, die sind mir einfach zuwider.
- Ich grübele eben von Natur aus viel.
- Bei mir läuft es einfach nicht gut.

Das sind alles Beispiele für erlernte Überzeugungen über uns selbst und unser Umfeld.

Wie wir aus einzelnen Stückchen Information ein Bild zusammensetzen

Insbesondere in den ersten zwanzig Jahren unseres Lebens entwickelt sich unser Gehirn zu einem leistungsstarken Computer. Und auch in späteren Jahren speichern wir weiterhin große Mengen an Informationen, die es uns ermöglichen, unser Verhalten zu steuern und auf das zu reagieren, was in unserer Umgebung passiert.

Wir lernen auch, Zusammenhänge zwischen unterschiedlichen Dingen und Erfahrungen herzustellen. Unsere Erfahrungen legen uns nahe, dass bestimmte Dinge zusammengehören und andere Dinge eben nicht. Wir lernen zum Beispiel, dass zum Begriff „Bäume" Begriffe wie „Wald", „frische Luft", „Baumstamm" und „Moos" gehören. Außerdem lernen wir, dass „frische Luft" wenig mit der Anwesenheit von Autos zu tun hat.

Worum es geht, ist, sich bewusst zu machen, dass wir irgendwann in unserem Leben lernen, einzelne Begriffe mit anderen Begriffen zu einer Gruppe zusammenzufügen. Die Begriffe haben meist auch eine emotionale Bedeutung für uns. Aus diesen „Zutaten" entstehen Überzeugungen, wie die folgenden Beispiele veranschaulichen.

Beispiele

Begriff	Gruppe	Gefühl
Bäume	Wald, Äste, frische Luft, Moos, Stamm, Blätter, Wind, Natur, Tiere	frischer Wind um die Nase, weg von der Hektik, Freiheit, kein Stress, „Waldbaden"
Autos	Verschmutzung, Hektik, Verkehr, Geschwindigkeitsüberwachung, Autobahnen, Benzin	Stress, ein ungesundes Gefühl, Frustration, Achtgeben, dass kein Unfall passiert

Überzeugungen:

- Bäume: Ich gehe gern im Wald spazieren, genieße den frischen Wind um die Nase und lasse die Hektik hinter mir. Ich liebe den Geruch von Moos und der frischen, gesunden Waldluft. Ich höre den Wind und die Vögel und komme zur Ruhe.
- Autos: Ich merke, dass es mich stresst, mit dem Auto zur Arbeit zu fahren. Es ist sehr viel los auf den Straßen, und der Gestank der Abgase ist unerträglich. Außerdem ist Benzin in den letzten Jahren sehr teuer geworden, und überall stehen Blitzer und Radarfallen.

Dieses Beispiel zeigt, wie ein einziges Wort eine Reihe von anderen Wörtern, Assoziationen und Gefühlen auslösen kann. Welche Überzeugungen in welcher Kombination in uns lebendig sind, ist von Person zu Person unterschiedlich. Vielleicht fahren Sie gern Auto und können dabei prima entspannen, sind aber kein Fan von Waldspaziergängen. Es geht weniger darum, ob Überzeugungen positiv oder negativ sind, sondern um die Tatsache, dass sie aus einzelnen, losen Informationsstückchen zusammengesetzt sind.

Durch unsere Erziehung und durch Lebenserfahrung haben wir alle unsere eigenen Überzeugungen gebildet. Es handelt sich um Überzeugungen darüber, wie wir uns selbst und die Welt sehen.

Zurück in der Zeit …

Warum bewerten wir Dinge eigentlich? Warum finden wir etwas gut oder schlecht, schön oder hässlich, groß oder klein? Alles, was wir im Leben lernen und erleben, fließt in die Bildung unserer Auffassungen und Überzeugungen ein – Überzeugungen über uns selbst und die uns umgebende Welt. Irgendwann haben wir auch gelernt, einen Zusammenhang zwischen den verschiedenen Begriffen und Erfahrungen herzustellen. Wir lernen zum Beispiel, wie wichtig gutes Aussehen ist. Wer in der Schule gehänselt wurde, hat möglicherweise die Botschaft erhalten, er oder sie sei „nicht schön". Kinder hänseln einander fast ausschließlich wegen Äußerlichkeiten, was später zu Zuschreibungen wie „Warmduscher" oder „Weichei" führen kann. Wir fügen diese Assoziationen und Wörter dann selbst zu einer Gruppe zusammen und lernen, sie als Beschreibung des eigenen Aussehens anzunehmen – mit all den entsprechenden Gefühlen als Konsequenz. Wenn wir die Assoziationen und Wörter nur oft genug gehört haben, werden wir sie irgendwann als unverrückbare Überzeugung über das eigene Aussehen in uns tragen.

Beispiele

Begriff	Gruppe	Gefühl
Das eigene Aussehen	hässlich, Brille, Zahnspange, dick, unbeliebt, unsportlich, keine besondere Kleidung, Außenseiter, Mobbing, allein	Einsamkeit, Minderwertigkeit, Schuld, Schüchternheit, Traurigkeit, Rachegelüste, Wut

Überzeugung:
Mit meinem Aussehen kann ich nicht punkten. Ich war schon immer ein Außenseiter und werde wohl immer einer bleiben. Ich bin dick und hässlich, ich habe kaum Chancen, einen tollen Partner oder eine tolle Partnerin zu finden. Außerdem bin ich schüchtern und weiß nicht so recht, wie ich mit Menschen umgehen soll.

Lassen Sie uns kurz zum Anfang dieses Kapitels zurückkehren. Können Sie sich vorstellen, auf diese Art und Weise auch zu den folgenden Überzeugungen zu gelangen?

- Ich bin nun einmal sehr zurückhaltend.
- Es gibt Dinge, die sind mir einfach zuwider.
- Ich grübele eben von Natur aus viel.
- Bei mir läuft es einfach nicht gut.

Was ich damit sagen will: *Unsere Überzeugungen sind keine absoluten Wahrheiten. Wir glauben, dass sie der Wahrheit entsprechen, weil wir gelernt haben, sie für wahr zu halten.*

Lesen Sie diese Aussage ein paar Mal durch, bevor Sie weiterlesen. Es ist eine sehr kraftvolle Aussage, die den Grundgedanken dieses Buches in sich trägt. Lesen Sie erst weiter, wenn Sie wirklich verstanden haben, was ich mit diesem Gedanken meine. Können Sie nachvollziehen, wie auch Sie selbst einmal gelernt haben, das zu glauben, was heute Ihre Überzeugung ist?

Unsere Auffassungen sind das Produkt dessen, was wir erlebt haben. Stellen Sie sich bitte folgende Frage: „Wie würden meine Auffassungen aussehen, wenn ich völlig andere Erfahrungen gemacht hätte? Wenn ich in der Schule nicht gehänselt worden wäre? Wenn ich eine andere Erziehung genossen hätte?" Denken Sie gut darüber nach, wie Sie sich dann gefühlt hätten und welche anderen Überzeugungen und Glaubenssätze Sie über sich selbst gebildet hätten.

Unsere Überzeugungen sind oft gar nicht so zutreffend, wie sie auf den ersten Blick erscheinen. Je öfter wir bestimmte Dinge erleben, desto mehr glauben wir daran, dass beispielsweise Worte wie „ich", „dick", „dumm", „hässlich" zusammengehören. Aufgrund Ihrer Lernerfahrungen sind Ihre Überzeugungen wahrscheinlich logisch zu erklären und vielleicht sogar gerechtfertigt. Wenn es nach mir geht, müssen Sie diese Überzeugungen auch nicht ändern. Mir geht es nur darum, dass Sie verstehen, wie diese Überzeugungen zustande gekommen sind. Sie sind nicht mit einem negativen Selbstbild auf die Welt gekommen oder mit den negativen Umständen, mit denen Sie vielleicht jetzt zu tun haben. Eine Sache wird erst in dem Moment zu etwas Negativem, in dem Sie lernen, dass das so ist. Wenn Sie eine große Nase haben, haben Sie wahrscheinlich durch Ihre

Umgebung gelernt, dass die Nase eines der weniger schönen Kennzeichen Ihres Aussehens ist. In vielen afrikanischen Ländern denkt man allerdings ganz anders darüber. Dort steht eine große Nase symbolisch für Stärke und Fruchtbarkeit. In Afrika hätten Sie von den Menschen wegen Ihrer großen Nase eine viel positivere Rückmeldung erhalten, und Sie wären wahrscheinlich sogar stolz auf Ihr Aussehen.

Arbeitsblatt:
Meine Überzeugungen und Glaubenssätze

Erstellen Sie eine Liste der Überzeugungen und Glaubenssätze, die Sie über sich selbst haben. Diese Liste sollte so ausführlich wie möglich sein. Schreiben Sie alles auf, was Ihnen in den Sinn kommt, egal ob es positiv oder negativ ist. Um Ihnen den Einstieg zu erleichtern, gebe ich Ihnen ein paar Beispiele von Überzeugungen, die bei vielen Menschen vorkommen:

Ich bin ... schüchtern.

Ich bin ... gesellig.

Ich bin ... unattraktiv.

Ich bin ... nett.

Ich bin ... sportlich.

Ich bin naiv

Ich bin faul

Ich bin untragbar

Ich bin nicht zumutbar

Ich bin schmarotzerisch

Ich bin nicht inelligent genug

Ich bin unförmig

Ich bin unattraktiv

Ich bin nicht fähig finanziell für mich zu sorgen

Ich bin ______

Ich bin ______

Ich bin ______

Vielen Menschen fällt es schwer, diese Liste zu erstellen und sich selbst so ausführlich zu beschreiben. Schließlich ist unser Verhalten zu einem Automatismus geworden, und die Auffassungen, die unserem Tun zugrunde liegen, liegen im Verborgenen und sind uns nicht bewusst. Denken Sie in aller Ruhe darüber nach. Vielleicht fällt Ihnen später noch das eine oder andere ein. Wenn die Beispiele, die ich genannt habe, nicht auf Sie zutreffen, streichen Sie sie durch. Beschreiben Sie sich selbst so präzise wie möglich: Ihren Charakter, Ihr Erscheinungsbild, Ihre Intelligenz, Ihre soziale Kompetenz, Ihre Talente, Ihre körperlichen Mängel; schreiben Sie alles auf, was Ihnen einfällt, und machen Sie die Liste so lang wie möglich.

Wenn Sie damit fertig sind, sehen Sie sich das Ergebnis an. Bei den meisten Menschen stehen mehr negative als positive Überzeugungen auf der Liste. Wenn das bei Ihnen auch so ist, ist das also nichts Ungewöhnliches. Wir neigen dazu, uns selbst auf eine eher negative und sehr kritische Art und Weise zu betrachten. Was aber vor allem zählt: Sie fangen nun an, zu überlegen, ob Sie *wirklich* der Meinung sind, dass diese Eigenschaften zu Ihnen gehören. Wurden Sie mit diesen Merkmalen geboren? Oder sind manche Eigenschaften erst durch Ihre Lebensgeschichte entstanden?

Zu großen Teilen bestimmt unsere DNA unseren Charakter und wie wir als Mensch funktionieren. Aber es hängt von unserer Geschichte ab, wie sich dies äußert. Wenn Sie zum Beispiel Ihrer Mutter ähneln, weil Sie beide von Natur aus ziemlich schüchtern sind, kann dies eine Eigenschaft sein, die Ihr wahres Wesen repräsentiert. Wichtig ist aber die Unterscheidung, dass es neben der genetischen Komponente noch verschiedene andere Faktoren gibt, die dafür gesorgt haben, dass Sie der Mensch geworden sind, der Sie heute sind.

Nehmen Sie sich in der nächsten Woche einmal die Zeit, um darüber nachzudenken, wer Sie sind und wie es dazu gekommen ist. Später werden wir in diesem Buch der Frage nachgehen, was Sie verändern können und was nicht. Bitte grübeln Sie nicht über Ihre Vergangenheit. Es geht einzig und allein darum, dass Sie den Unterschied sehen: zwischen dem Menschen, der Sie bei Ihrer Geburt waren, und dem Menschen, der Sie letztlich geworden sind. Sie können die Vergangenheit nicht zurückdrehen. Was Sie aber tun können, ist, sich anzusehen und dadurch besser zu verstehen, dass Ihr Selbstbild nicht „vom Himmel gefallen“ ist. Jahrelange Erfahrung hat Ihnen nahegelegt, so über sich zu denken, wie Sie es heute tun. Wenn Sie erkennen, dass es sich dabei nicht um *die* Wahrheit schlechthin handelt, sondern um *eine* Wahrheit, die Ihnen beigebracht wurde, sind Sie viel besser in der Lage, sich für eine neue Sichtweise auf Ihre eigene Person zu öffnen.

Lassen Sie sich Zeit und denken Sie darüber nach, wer Sie geworden sind, ohne dass Sie an dieser Stelle versuchen, die einzig echte Wahrheit herauszufinden. Es gibt immer mehrere Wahrheiten, die alle einen gewissen Wahrheitsgehalt besitzen. Sie müssen nicht bis ins kleinste Detail herausfinden, wie Sie der Mensch geworden sind, der Sie heute sind. Wenn Sie in Ihrem Innersten wirklich erkennen, dass Ihr Selbstbild zu einem großen Teil durch die Erlebnisse in Ihrem Leben geprägt worden ist, haben Sie bereits ein gutes Stück des Weges zurückgelegt.

Zusammenfassung

Unsere Überzeugungen und Glaubenssätze sind nicht einfach so „vom Himmel gefallen“; sie lassen sich auf unsere Erfahrungen zurückführen. Basierend auf diesen Erfahrungen haben wir uns unsere eigene Wahrheit erschaffen. Wenn Sie erkennen, wie es zu dieser Wahrheit gekommen ist, und wenn Sie wissen, wie Sie im Allgemeinen über sich selbst denken, dann können Sie den Unterschied zwischen der Person, die Sie geworden sind, und der Person, die Sie eigentlich gern wären, erkennen.

Tipps und Aufgaben

Arbeitsblatt:
Meine fünf eindrücklichsten Erlebnisse und Erfahrungen

Versuchen Sie, sich ein Bild von dem Weg zu machen, den Sie bisher gegangen sind und der Sie dahin geführt hat, wo Sie heute stehen. Schreiben Sie – in Form einer Tabelle, siehe unten – die fünf eindrücklichsten Erlebnisse oder Erfahrungen Ihres bisherigen Lebens anhand der folgenden Fragen auf: Was ist passiert? Wann ist es passiert? Wie hat dieses Ereignis Sie als Person beeinflusst?

Beispiel: Ich wurde in der Schule gehänselt, in der Zeit zwischen meinem 12. und 15. Lebensjahr, das hat mich sehr schüchtern und zurückhaltend werden lassen.

	Was?	**Wann?**	**Einfluss/ Folgen**
1.			
2.			
3.			
4.			
5.			

- Kopieren Sie diese Liste und tragen Sie diese mindestens eine Woche mit sich herum, am besten in der Gesäßtasche Ihrer Hose. Das klingt seltsam, ich weiß, probieren Sie es bitte trotzdem erst aus, bevor Sie den Gedanken verwerfen. Tragen Sie Ihre Vergangenheit buchstäblich eine Weile mit sich herum. Wenn Ihnen die Tatsache bewusst wird, dass Sie die Liste in Ihrer Hosentasche stecken haben, wird Ihnen auch bewusst, dass Sie der Mensch, der Sie heute sind, erst geworden sind.
- Vielleicht möchten Sie lieber gar nicht an all die aufwühlenden und unschönen Erlebnisse erinnert werden; es ist aber wichtig, dass Sie erkennen, dass Sie als Person zu einem großen Teil durch diese Um-

stände geformt worden sind. Die zu Papier gebrachten Erfahrungen können Ihnen vor Augen führen, warum Sie zu dem Menschen geworden sind, der Sie heute sind. Sie kommen nicht um die Vergangenheit herum, und das müssen Sie auch gar nicht.

- Bitte beachten Sie: Wenn Sie über Ihre Vergangenheit und die Fehler, die Sie gemacht haben, nachdenken, neigen Sie vielleicht dazu, Schuldgefühle zu entwickeln. Vielleicht ärgern Sie sich auch über Menschen, die Ihnen wehgetan haben. Das gehört alles dazu. Versuchen Sie nicht, gegen diese Gefühle anzukämpfen. Ihre Vergangenheit ist, wie sie ist. Das Vor-Augen-Führen dieser Vergangenheit dient nur der Erkenntnis, wer Sie geworden sind.
- Um mit einem klaren und scharfen Blick das „Jetzt" und die Zukunft betrachten zu können, müssen wir erst wissen, woher wir kommen. Nehmen Sie sich also eine Woche Zeit und probieren Sie diese Idee aus. Anschließend können wir uns mit frischem Blick ansehen, wie wir unsere Gegenwart und unsere Zukunft erleben.

3 Selektive Wahrnehmung: Wie unsere eigene Wahrheit entsteht

Vielleicht haben Sie zu diesem Zeitpunkt schon alle möglichen Theorien über Ihre Vergangenheit und die Frage, wie Sie dahin gekommen sind, wo Sie heute stehen, aufgestellt. Das Schöne an der Methode in diesem Buch ist, dass Sie sich gar nicht weiter damit beschäftigen müssen. Es ist gut, wenn Sie den Weg, der hinter Ihnen liegt, wahrnehmen, damit Sie den Weg, der vor Ihnen liegt, besser überblicken können. Es ist aber nicht weiter wichtig, wie Ihre heutige Situation genau zustande gekommen ist. Sie müssen nicht nach einer perfekten Erklärung suchen. Was zählt, ist, dass Sie erkennen, „dass Ihre Vergangenheit Sie zu dem gemacht hat, was Sie heute sind und Sie dorthin gebracht hat, wo Sie heute stehen“. Auf dieser Grundlage können Sie besser verstehen, wie Ihre Realität entstanden ist und was Sie tun können, um sich für neue Erfahrungen zu öffnen.

Wie wir Informationen aus unserer Umgebung herausfiltern

Wir Menschen sind permanent damit beschäftigt, unsere Realität einzufärben. Ist es nicht eine wundersame Vorstellung, dass unsere persönlichen Überzeugungen darüber mitbestimmen, was wir sind und was nicht? Das würde ja bedeuten, dass wir unsere Realität zumindest zum Teil selbst erschaffen!

In Kapitel 1 habe ich erwähnt, dass unser Gehirn nur etwa 10 % dessen, was unsere Sinne wahrnehmen, bewusst verarbeiten kann. Nun haben wir alle gelernt, bestimmte Informationen aus der Umgebung herauszufiltern. Steht man vor einer roten Ampel, wird man sich hauptsächlich auf das rote Licht konzentrieren und reagieren, sobald es auf Grün springt. Wir haben gelernt, dass es in dieser Situation am wichtigsten ist, „bei Rot anzuhalten und bei Grün zu fahren“, und deshalb wählt unser Gehirn automatisch diese Information aus. Andere Dinge (die Bäume am Straßenrand, bestimmte Geräusche oder der abbiegende Verkehr) werden dadurch kaum bewusst wahrgenommen.

Die Vorstellung ist nun, dass wir ständig damit beschäftigt sind, Informationen zu filtern. Wir tun dies auf der Grundlage dessen, was wir gelernt haben (und schon kennen). Wir wählen die Dinge und Gegebenheiten aus, an die wir glauben bzw. die wir für wichtig halten.

Zum Beispiel reagieren Menschen mit einem negativen Selbstbild sehr sensibel darauf, wie sie von anderen Menschen angeschaut werden. Denken Sie vergleichsweise an Situationen wie das eine Mal, als Sie in der Schule versehentlich in das falsche Klassenzimmer gegangen sind. Sie wurden plötzlich von allen angeschaut, mit einem Ausdruck im Blick, der zu sagen schien: „Was machst du denn hier?" Menschen mit einem negativen Selbstbild haben dieses Gefühl deutlich häufiger, weil sie schon im Vorhinein denken, sie würden negativ auffallen. Auf diese Weise erhalten diese Menschen sehr schnell eine negative Bestätigung. Wenn jemand sie anschaut, schlussfolgern sie, dass die Person das tut, weil ihre Kleidung nicht in Ordnung ist oder ihr Haar nicht gut sitzt.

Menschen mit sozialen Ängsten verhalten sich ähnlich. Wenn sie einen Raum betreten, selektieren sie bewusst oder unbewusst Informationen aus ihrer Umgebung. Wo ist der Ausgang? Wo sind die Toiletten? Was ist, wenn mir schwindlig wird? Bekomme ich genug Sauerstoff? Wie viele Menschen kenne ich hier? Schauen mich manche Menschen (irgendwie auffällig) an usw.? Ausgehend von unseren bisherigen Erfahrungen suchen wir in unserer Umgebung nach Informationen, die sich mit diesen Erfahrungen in Übereinstimmung bringen lassen.

Das wichtigste Ziel dabei ist, Angst und Unglück zu vermeiden. Es ist der Versuch, das Leben so vorhersehbar wie möglich zu gestalten und keine Überraschungen erleben zu müssen, nur weil man etwas übersehen hat. Menschen mit einem negativen Selbstbild wollen vor allem nicht auffallen, oder sie schützen sich, indem sie ein „soziales Gesicht" aufsetzen (darauf kommen wir im letzten Kapitel noch zu sprechen). Menschen mit sozialen Ängsten wollen zwar feiern und auf Partys gehen, aber sie wollen zugleich sicher sein können, dass nichts schiefgehen wird und sie – wenn nötig – aus der Situation fliehen können.

Dies alles führt dazu, dass wir uns unserer Umgebung oft sehr bewusst sind, was wiederum zur Folge haben kann, dass wir übersensibel für das Geschehen in unserem Umfeld werden. Der Nachteil einer solchen Übersensibilität ist, dass wir faktisch wehrlos werden. Mehr noch: Da wir bereits im Vorfeld Ängste haben, werden unsere Ängste Wirklichkeit.

Wie unsere Angst Wirklichkeit wird

Das interessanteste psychologische Phänomen ist in meinen Augen die *„Sich selbst erfüllende Prophezeiung“*. Damit ist gemeint, dass das, woran wir glauben, am Ende Realität wird, weil wir daran glauben. Das heißt also, wir erschaffen unsere eigene Wahrheit aufgrund unserer inneren Überzeugungen. Das Filtern der Informationen von außen erfolgt anhand unserer Erwartungen an die Außenwelt. Wir suchen so lange, bis wir die Information bekommen haben, die unsere Erwartungen bestätigt.

Jeder Einzelne ist somit aktiv auf der Suche nach seiner eigenen Wahrheit. Damit erzeugen wir alle unsere jeweils eigene Interpretation der Wirklichkeit. Das erklärt, warum Menschen sich so stark darin unterscheiden, wie sie ihr Leben wahrnehmen, und eben auch, warum ich erst nach zehn Minuten das Eichhörnchen gesehen habe. Manche Menschen sind bereits mit ganz wenig zufrieden, während andere viel und häufig darüber klagen, was ihnen alles fehlt.

Da das Suchen nach Bestätigung unserer jeweiligen Erwartungen ein absoluter Automatismus geworden ist, merken wir meistens gar nicht, dass wir das tun. Noch einmal zu Menschen mit einem negativen Selbstbild, die oft Überzeugungen wie diese hegen:

- Es geht auf dieser Welt am Ende nur um Äußerlichkeiten.
- Immer muss ich dran glauben.
- Es ist mir völlig egal, was andere von mir denken.
- Ich begegne immer wieder Menschen, die glauben, sie seien was Besseres.

Das Problematische an dieser Art von Überzeugungen ist, dass die Menschen sie im Laufe der Jahre tatsächlich für wahr halten. Aufgrund der gemachten Erfahrungen ist eine Abwärtsspirale entstanden, die Menschen dazu veranlasst, sich als Opfer der negativen Welt, in der sie leben, zu sehen.

Natürlich gibt es solche Umstände auch wirklich. Sie stellen aber nur einen sehr kleinen Teil der gesamten Realität dar. Auch die oben genannten Überzeugungen sind aufgrund von früheren Erfahrungen entstanden. Wenn man ein paar Mal die Erfahrung gemacht hat, dass man wegen seines Aussehens oder generell wegen Äußerlichkeiten zurückgewiesen wurde, wird man fortan erwarten, dass dies öfter passiert. Wer Opfer von Hänseleien wurde, neigt verstärkt dazu, Bemerkungen von anderen Menschen negativ aufzufassen. In der dritten der oben genannten Überzeugungen wird zwar die Bedeutung der Meinung anderer kleingeredet, doch auch dieser Satz offenbart, dass die Meinung anderer eben doch ein Thema ist. Warum würde man sich sonst damit beschäftigen? Der Satz vermittelt, dass man anderen Menschen generell nicht vertraut. Man wappnet sich gegen negative Bemerkungen, indem man schon im Vorfeld kundtut, es würde einem egal sein, was der andere meint. Dennoch findet die Auseinandersetzung mit der Meinung anderer statt.

Die Folge dieser Art von Überzeugungen ist, dass man über kurz oder lang recht bekommen wird, und zwar mit wachsender Wahrscheinlichkeit. Sobald eine Bemerkung über das Äußere von beispielsweise einem bekannten Popstar gemacht wird, denkt man: „Na, siehst du, alles dreht sich nur um Äußerlichkeiten“. Sobald jemand einen kleinen Scherz über Sie als Person macht, denken Sie: „Genau, ich muss wieder dran glauben.“ Sobald jemand eine Meinung über Sie hat, reagieren Sie scharf und rufen, es wäre Ihnen völlig egal, was man von Ihnen hält. Und falls sich jemand auf die eigene Schulter klopft, denken Sie ... Ja, ja, ist schon klar.

Unser Selbstbild steht für die Brille, durch die wir die Außenwelt sehen. Wenn Sie sich selbst als unbedeutend erachten, ist es dann nicht logisch, dass Sie meinen, dass sich alle anderen Menschen für etwas Besseres als Sie halten? Es ist zumindest nicht wirklich überraschend. Sie sehen Menschen, die ein stärkeres Selbstwertgefühl haben als Sie selbst, und Sie projizieren faktisch Ihre eigenen Unzulänglichkeiten auf die andere Person.

Projektion

Wenn wir unser Selbstbild gegenüber Einflüssen von außen abschirmen wollen, tun wir das am häufigsten mithilfe der Projektion. Das heißt, wir kaschieren unsere persönlichen Schwächen, indem wir:

- anderen Menschen die Schuld an unseren Problemen geben,
- uns über die Schwächen anderer ärgern, die im Grunde genommen unsere eigenen sind.

So gesehen, bestimmt also das Bild, das wir von uns selbst haben, darüber, wie wir andere sehen und mit ihnen umgehen. Lassen Sie diesen Gedanken einmal gut auf sich wirken. Oft meinen wir ja, unsere Verärgerung oder Unsicherheit würde von diesem oder jenem Menschen verursacht. Wir merken nicht, dass es unsere (innewohnenden) Überzeugungen sind, die dies ganz von allein zustande bringen.

Lassen Sie uns einmal genauer untersuchen, wie der Blick, den wir auf uns selbst und das Leben im Allgemeinen haben, offener werden kann. So wie jede Geschichte zwei Seiten hat, so hat auch Ihre eigene Wahrheit eine Kehrseite. Falls Sie Angst vor Schuldgefühlen haben, wenn Sie über Ihre Vergangenheit und die Fehler, die Sie gemacht haben, nachdenken, ist das in dieser Phase des Buches ganz normal. Wenn Sie bereit sind, diese Angst beim Lesen des Buches zu akzeptieren, können Sie offen werden für alles, was Sie vorher gar nicht gesehen haben. Ich erwähne das, weil es ab und zu – und vor allem am Anfang – ziemlich konfrontierend sein kann, sich selbst zu betrachten. Vielleicht verspüren Sie dann den Drang, das Buch wegzulegen oder Übungen zu überspringen.

Es ist für uns so normal, zu projizieren, dass es gewöhnungsbedürftig ist, das einmal nicht zu tun. Projektion ist in diesem Sinn eine Form der Vermeidung: Wenn Sie auf andere schauen, müssen Sie sich selbst nicht sehen. Dennoch ist Ihr Bild von sich selbst für die meisten Probleme, mit denen Sie in Ihrem Leben zu tun bekommen, mitverantwortlich. Um herauszufinden, ob auch Sie projizieren, habe ich eine Frage: Was sind Ihre Top 5 der Dinge, die Sie bei anderen Menschen gar nicht leiden können; Dinge, über die Sie sich ärgern? So eine Liste der Ärgernisse könnte zum Beispiel so aussehen:

1. Menschen, die zu spät kommen
2. Arroganz
3. Menschen, die sich sehr übertrieben benehmen

4. Lügen
5. Menschen, die keinen Sinn für Humor haben

Das ist die Liste der Top-5-Ärgernisse eines meiner Klienten. Mit diesem Beispiel möchte ich Ihnen den Mechanismus zeigen, der sich hinter diesen fünf großen Ärgernissen verbirgt. Nachdem der Klient gelernt hatte, diese Ärgernisse an seinem eigenen (negativen) Selbstbild zu spiegeln, kam er zu den folgenden Schlussfolgerungen:

1. Menschen, die zu spät kommen: „Mir wurde von meinen Eltern Höflichkeit beigebracht, und ich habe gelernt, nicht zu spät zu kommen, wenn ich verabredet bin. Ich komme auch so gut wie nie zu spät, und wenn es einmal passiert, ärgere ich mich über mich selbst. Deshalb kann ich es so schlecht hinnehmen, wenn jemand zu spät zu einer Verabredung kommt. Das, was ich selbst tue, erwarte ich auch von anderen. Man kann dies auch als Projektion bezeichnen. Da ich viel von anderen erwarte, begebe ich mich in eine verletzliche Position; viele Menschen halten sich nämlich nicht an meine Vorstellung von normalem Verhalten."
2. Arroganz: „Diese Projektion rührt daher, dass ich mich oft über meine eigene Arroganz ärgere. Auch wenn andere Menschen mich gar nicht für arrogant halten, zweifle ich regelmäßig daran, ob ich nicht doch arrogant bin. Bescheiden zu sein und sich nicht mit persönlichen Erfolgen zu brüsten, sind für mich wichtige Werte. Und deshalb erkenne ich meinen arroganten Anteil in anderen Menschen wieder. Das heißt, ich ärgere mich gar nicht über die anderen, sondern über den Teil von mir, den ich nicht bereit bin, zu akzeptieren.
3. Menschen, die sich sehr übertrieben benehmen: „Ich gehöre zu den Menschen, die völlig in dem, was ihnen Spaß macht, aufgehen können. Ab und zu gehe ich dann etwas zu weit und übertreibe es mit meinem Enthusiasmus. Das ist genau das, was mich bei anderen Menschen sehr unangenehm berührt."
4. Lügen: „Ich lüge nicht, niemals, denn Lügen ist nicht gut. Natürlich lüge ich manchmal. Das ist menschlich, und ich entdecke diese Eigenschaft auch bei anderen, was ziemlich irritierend sein kann."
5. Menschen, die keinen Sinn für Humor haben: „Manchmal bin ich auch sehr ernst. Dann strenge ich mich an, die lustige Seite der Dinge zu sehen. Die Tatsache, dass anderen das manchmal nicht gelingt, ist mir ein Dorn im Auge."

Arbeitsblatt:
Meine Liste der Top-5-Ärgernisse

Erkennen Sie etwas in dieser Geschichte wieder? Versuchen Sie, selbst eine solche Liste zu erstellen, und schauen Sie, ob Sie ähnliche Zusammenhänge herleiten können, so wie mein Klient es beschrieben hat. Ist die störende Eigenschaft eines anderen Menschen eine Eigenschaft, die Sie bei sich selbst nicht akzeptieren können? Haben Sie die Erwartung, dass andere sich so verhalten, wie Sie es für richtig halten? Vielleicht kann die eine oder andere Erkenntnis Ihnen dabei helfen, etwas zu sehen, was Sie vorher nicht gesehen haben.

1. Arrogant
   Freude über Gelungenes
   ist keine Arrogant ☺
2. Geringschätzung
3. Lästereien, negative Bewertungen
4. Unachtsamkeit
5. nicht Stellung beziehen

Mit offenen Augen …

Wir erleben und sehen Dinge, schauen sie an, bewerten sie und, ohne es zu merken, projizieren wir unser Selbstbild auf andere. Das kann auch sehr weit gehen. Eine Frau, die in einer Beziehung bleibt, obwohl der Mann sie schlägt, glaubt tief in ihrem Inneren, dass sie das verdient. Wir lassen uns von anderen so behandeln, wie wir uns selbst behandeln. Wenn Sie ein negatives Selbstbild haben, werden Sie dieses Bild nach außen projizieren, und Sie werden Negatives sehen und Negatives erleben.

Denken und (mit den Sinnen) wahrnehmen sind zwei total verschiedene Dinge. Trotzdem denken wir, viele Dinge zu wissen und wahrzunehmen, die so nicht stimmen oder die gar nicht existieren. Wir haben uns angewöhnt, uns immer mehr auf unser Denken zu verlassen, dem Denken zu vertrauen, was dazu führt, dass wir uns nicht mehr die Mühe machen, einmal losgelöst von unserem Verstand an die Realität heranzugehen. Die Gewohnheit, dass wir genau die Informationen aus der Außenwelt herausfiltern, die unsere Gedanken und Überzeugungen bestätigen (im Sinne von „Ich denke, also sehe ich“), kann mit der Zeit durchbrochen werden (hin zu „Ich sehe und ich denke“), wenn Sie dazu bereit sind, Ihre Wahrheit auf den Prüfstand zu stellen.

Übung:
Andere Menschen als wandelnde Spiegel betrachten

Eine nützliche Übung, die Ihnen dabei helfen kann, besser zu verstehen, wie Ihre eigenen Projektionen funktionieren, ist es, andere Menschen als wandelnde Spiegel zu betrachten. Stellen Sie sich einmal vor, dass alle Menschen in Ihrem Umfeld in Wirklichkeit Spiegel sind, die Anteile Ihres Selbstbildes wiedergeben. Schließen Sie die Augen und stellen Sie sich die wandelnden Spiegel um sich herum vor. Wenn Ihnen jemand begegnet, denken Sie sich dann: Schau, ein Spiegel! Und da ist noch einer!

Einmal davon abgesehen, dass das eine lustige Übung ist, hilft sie dabei, Dinge, die wir anderen Menschen zuschreiben, mehr auf uns selbst zu beziehen. Wenn Sie hören, dass jemand eine abfällige Bemerkung über Sie macht, trifft Sie das logischerweise. Das liegt jedoch hauptsächlich daran, dass Ihr Selbstbild bestätigt wird. Die negative Bemerkung ist so gesehen das Spiegelbild dessen, was Sie von sich selbst halten.

„Ja, aber hallo, es geht doch darum, dass hier jemand eine negative Bemerkung gemacht hat!", höre ich Sie jetzt denken. Das stimmt. Aber stellen Sie sich vor, Sie wären innerlich absolut nicht mit der Bemerkung konform und Sie hielten sich insgesamt für einen recht netten Zeitgenossen. Die Frage wäre dann: Trifft Sie die Bemerkung dann genauso hart?

Ich möchte noch einen Schritt weitergehen. Ich wage zu behaupten, dass, wenn Sie in Ihrem Innersten davon überzeugt sind, ein guter und wertvoller Mensch zu sein, Sie negative Bemerkungen ...
- sofort vergessen
- oder vielleicht gar nicht erst hören.

In der zweiten Option steckt die „magische" Vorstellung, dass wir alles, was wir hören, fühlen und erleben, selbst auswählen. Wir hören nur das, wovon wir überzeugt sind. Und wenn das so ist, bedeutet das, dass wir unsere eigene Wahrheit aufgrund unserer inneren Überzeugungen auswählen. Im Gegenzug vermeiden wir alles, worauf wir keine Lust haben oder was uns Angst macht.

Meistens gehen wir bestimmten Situationen aus dem Weg, weil wir Angst haben, unser Selbstwertgefühl könnte Schaden nehmen. Wenn Sie einem Menschen, den Sie nicht mögen, aus dem Weg gehen, tun Sie das, um nicht spüren zu müssen, was dieser Mensch in Ihnen auslöst. Der springende Punkt dabei ist, dass Sie weniger bestimmte Menschen oder Situationen vermeiden, sondern die Gedanken und Gefühle, die diese Menschen und Situationen bei Ihnen auslösen. Sie wollen das nicht so direkt spüren, und deswegen bleiben Sie den Menschen und Situationen fern. Unser Leben wird dadurch leider nicht schöner. Sich vor den eigenen Gefühlen schützen zu wollen, sorgt auf Dauer dafür, dass Sie Gefühle generell immer weniger zulassen. In dieser Phase ist es wichtig, über Ihre erste Reaktion hinauszuschauen. Wenn Sie etwas oder jemandem aus dem Weg gehen, welchen Bereich Ihrer Gefühle oder Ihrer Gedanken versuchen Sie auf diese Weise zu vermeiden?

Im nächsten Kapitel werden wir uns genauer ansehen, wie sich die starren festen Überzeugungen, die wir pflegen, gebildet haben und wie unser Verstand mit unseren Erfahrungen umgeht.

Zusammenfassung

Sie müssen in diesem Buch nicht die beste Erklärung dafür suchen, wie Sie der Mensch geworden sind, der Sie sind. Ihre inneren Überzeugungen sind durch Ihre Erfahrungen entstanden. Diese Überzeugungen sind wie eine getönte Brille, durch die Sie Ihr Umfeld sehen. Sie filtern nur jene Informationen von außen heraus, die Ihre Überzeugungen bestätigen. Damit steigt die Wahrscheinlichkeit, dass z. B. bestimmte Befürchtungen zur Realität werden. Durch Projektion sehen wir in anderen Menschen, was wir eigentlich von uns selbst halten. Indem wir die Außenwelt als Spiegel verwenden, können wir in Erfahrung bringen, wie wir unsere persönliche Wahrheit erschaffen.

Tipps und Aufgaben

Lassen Sie dieses Kapitel erst einmal sacken. Um die bisher besprochenen Gedanken weiter zu unterfüttern, finden Sie im Anschluss ein paar Beispiele, die zeigen, wie unser Verstand Dinge sehen kann, die gar nicht vorhanden sind.

Übung:
Buchstabensalat

Ihr Gedächtnis ist ein Multitalent! Lesen Sie den folgenden Text einmal durch, auch wenn er auf den ersten Blick ein bisschen seltsam aussieht ...

Luat enier Stduie, die an enier enlgischen Uniervsität verfeöfntlicht wrude, ist es unwitichg, in weclher Reihfoenlge die Bucstahben in eniem Wort steehn, das eiznig Wigchtie ist, dass der ertse und der leztte Bucsthabe ritchig sind. Der Rest knan völigler Unisnin sein und trozdtem könenn wir es leesn. Das hat daimt zu tun, weil wir nihct Bucstahbe für Bucstahbe leesn, sonerdn Wötrer als Ganezs.

Übung:
Optische Täuschungen

Verlaufen die horizontalen Linien in dieser Abbildung ab und zu schief, oder sind sie doch alle gerade?

Abbildung 1: Kaffeehaus-Täuschung (aus Wirtz, 2020, S. 899)

Schauen Sie auf den Punkt in der Mitte des Bildes und bewegen Sie Ihren Kopf nach vorn und nach hinten!

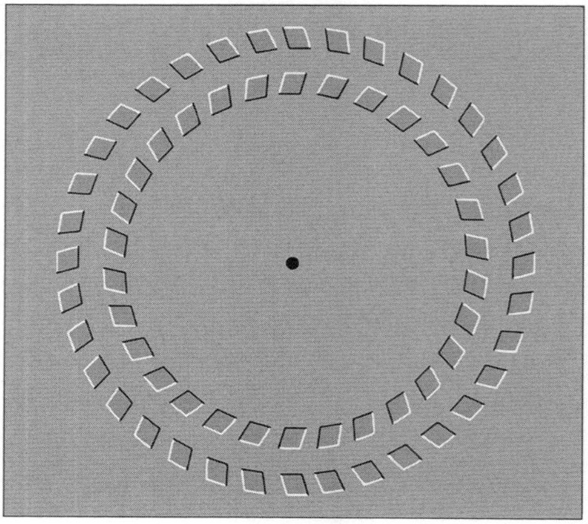

Abbildung 2: Pinna-Brellstaff-Täuschung (aus Wirtz, 2020, S. 1359)

- Nehmen Sie Ihre Top-5-Liste der größten Ärgernisse zur Hand und schreiben Sie auf, welche Verbindung es Ihrer Meinung nach zu Ihrem Selbstbild gibt. Können Sie erkennen, dass andere Menschen das bestätigen, worüber Sie sich bei sich selbst ärgern?
- Nehmen Sie sich vor, immer dann, wenn Sie sich über jemanden ärgern, dieses Ärgernis zwanzig Mal laut zu wiederholen. Wenn Sie sich, um ein Beispiel zu nennen, über die Tatsache ärgern, dass jemand zu spät zu einer Verabredung erscheint, sagen Sie dann zwanzig Mal: „Ich finde es so schrecklich, wenn Leute zu spät kommen." Sagen Sie es auf übertriebene, exaltierte Art und Weise und versuchen Sie, den Witz darin zu erkennen. Nutzen Sie Ihr Gespür für Selbstironie, und machen Sie Ihren Ärger ein wenig lächerlich.
- Auf diese Weise können Sie sich bewusst machen, was Sie da gerade tun, und Sie können die Emotionen, die Sie in dem entsprechenden Moment empfinden, loslassen. Wenn Sie das konsequent üben, können Sie überraschende Resultate erzielen.
- „Arbeiten" Sie mit der Spiegel-Metapher, indem Sie andere Menschen in erster Linie als Spiegelbild Ihrer selbst sehen. Selbstverständlich hat jeder Mensch seine ganz eigenen Charakterzüge, und natürlich ist jeder Mensch einzigartig. Wir sehen nur einen kleinen Teil des anderen Menschen, weil wir nur 10 % dessen, was wir wahrnehmen, auch verarbeiten.
- Sie können noch einen Schritt weitergehen und, wie wir es bei der Übung mit den Fotos in Kapitel 1 gemacht haben, genau hinsehen, ob Sie bisher unbemerkte Aspekte einer anderen Person entdecken. Probieren Sie es (nach Rücksprache) mit Ihrem Partner oder Ihrer Partnerin, mit einem guten Freund oder einer guten Freundin aus. Schauen Sie, ob Sie etwas entdecken, was Sie vorher nicht wahrgenommen haben. Konzentrieren Sie sich zum Beispiel auf die Haare der Person, auf Schmuckstücke, Kleidung oder Schuhe, und tun Sie dies sehr aufmerksam. Nehmen Sie sich Zeit und sagen Sie, was Ihnen auffällt. Besonders mit dem Partner oder der Partnerin kann das eine sehr schöne Übung sein. Schauen Sie sich gegenseitig an, den Rücken, Nacken, die Schultern, und berichten Sie sich gegenseitig, was Sie sehen und was Ihnen auffällt. Achten Sie auf kleinste Details, auf Muttermale, Haarwuchs usw. Vielleicht ist es Ihnen unangenehm, so genau angeschaut zu werden und jemand anderes so genau anzuschauen, vielleicht empfinden Sie dabei ein Schamgefühl, oder es ist einfach ungewohnt. Wenn diese Übung noch zu viel Angst auslöst, versuchen Sie, diese Übung in kleinen Etappen zu machen, und beschränken Sie sich auf

bestimmte Körperregionen. Sie könnten die Schultern zum Thema machen oder eine Körperregion, mit der Sie bei sich zufrieden sind. Das Wichtigste ist, dass Sie das Schauen üben, so wie Sie es vorher noch nicht gemacht haben, und dass Sie sich anhören, was der anderen Person an Ihnen auffällt. Über Schamgefühle werden wir später in diesem Buch noch sprechen.

- Stellen Sie Fragen, die Sie noch nie zuvor gestellt haben, auch wenn Sie glauben, die Antwort schon zu kennen. War Ihre Einschätzung, war Ihr Urteil richtig? Wenn Sie zum Beispiel glauben, dass eine bestimmte Person nur wegen ihres guten Aussehens Glück im Leben hatte, fragen Sie die Person, ob das wirklich stimmt: „Ich stelle mir vor, dass ... Stimmt das?“ Sie können Menschen, die Sie gut kennen, im Allgemeinen ziemlich unumwunden fragen, wie sie ticken, vorausgesetzt, Sie bleiben höflich. Wenn Sie aufrichtiges Interesse zeigen, werden Sie selten ablehnende Reaktionen erleben.

Arbeitsblatt:
Menschen und Situationen, denen ich normalerweise aus dem Weg gehe

Erstellen Sie eine Liste der Menschen und Situationen, denen Sie normalerweise aus dem Weg gehen. Gehen Sie beispielsweise nie mit Freunden ins Schwimmbad? Gibt es Menschen in Ihrem direkten Umfeld, denen Sie auf Partys oder Feiern aus dem Weg gehen? Was tun Sie nur äußerst ungern? Und warum meiden Sie diese Menschen und diese Situationen?

Diesen Menschen und Situationen gehe ich aus dem Weg	Warum meide ich diese Menschen und diese Situationen?
Menschen, die nur über sich erzählen	fühle mich nicht gesehen u. wertgeschätzt
Menschen, die andere abwerten u. verurteilen	fühle mich unsicher und weiß nicht, ob ich
	diesen Beurteilungen standhalte;
	beklemmendes Gefühl den anderen verteidigen wollen

4 Was wir denken und was wir tun

Wäre es nicht schön, wenn wir die vielen Gedanken, die uns permanent durch den Kopf jagen, loswerden könnten? Gedanklich beschäftigen wir uns oft so sehr mit anderen Dingen, dass wir völlig vergessen, wahrzunehmen, was um uns herum geschieht, und Anteil daran zu nehmen. Auch Menschen, die darauf achten, positiv zu denken, fällt es manchmal schwer, das durchzuhalten. Vielleicht, weil sie sich immer wieder selbst dazu auffordern müssen, positiv zu denken oder bei den positiven Gedanken zu bleiben. Das heißt, auch wenn man positiv denkt, ist man doch ständig mit seinen Gedanken beschäftigt. Sie können sich selbst davon überzeugen, dass Sie – trotz aufdringlicher Gegenargumente – eigentlich ziemlich passabel aussehen, und schon sind Sie wieder mit Ihren Gedanken beschäftigt.

Auch Gegenargumente sind Projektionen Ihrer inneren Überzeugungen. Diese haben zwar eine Daseinsberechtigung, aber Sie sollten sie nicht allzu ernst nehmen, während Sie dieses Buch lesen, sondern sich für die Selbsterkundung, mit der wir uns hier beschäftigen, öffnen. Wenn wir rein mit dem Kopf an dieses Buch herangehen, werden wir nur wieder Aspekte suchen, die unseren Überzeugungen und Erwartungen entsprechen. Solange unser „Verstand" aktiv an unserer Suche nach neuen Wahrheiten beteiligt ist, werden wir letztlich nur beim Althergebrachten und Vertrauten landen. Damit wir uns für neue Wahrheiten öffnen können, müssen wir uns erst von allen inneren Überzeugungen befreien, die uns fest in ihrem Griff haben.

Der Verstand macht uns blind

In meinem Buch *Denk, was du willst – wage, was du träumst* (Jansen, 2015) habe ich versucht, eine Antwort auf die Frage zu finden, warum es uns Menschen so schwerzufallen scheint, glücklich zu sein. Die wichtigste Schlussfolgerung war, dass die Menschen im Allgemeinen ihre Gedanken und Gefühle viel zu ernst nehmen. Wenn wir unsere Gedanken darüber entscheiden lassen, was mit uns geschieht, werden wir oft von

Angst und Zweifel überwältigt. Damit wir glücklich sein können, ist es wichtig, dass wir lernen, unseren „Verstand“ auf eine andere Art und Weise zu betrachten.

In diesem Buch möchte ich noch einen Schritt weitergehen, indem ich behaupte, *dass die Tatsache, dass wir uns mit unseren Gedanken und Emotionen identifizieren, dafür sorgt, dass wir süchtig nach unserer eigenen Wahrheit werden.* Ich will Ihnen gern erklären, wie ich das meine. Je öfter Sie einen Gedanken ernst nehmen, desto einfacher ist es, ihn wieder heraufzubeschwören. Wie haben Sie in der Schule französische Vokabeln gelernt? Richtig, durch Wiederholung und Übung. Das half Ihnen, sich diese Vokabeln einzuprägen und bei Bedarf (Prüfung, Schulaufgabe) wie aus dem Nichts, aus dem Verstand, hervorzuholen.

Es funktioniert buchstäblich so, dass wir körperlich abhängig von Gedanken und Emotionen werden, die häufig auftreten, auch wenn sie negativ sind. Mit anderen Worten: Je öfter Sie sich selbst kleinreden, desto stärker wird die körperliche Abhängigkeit von dieser Art von Gedanken und Emotionen. Das lässt sich auch auf der biologischen Ebene nachweisen. Es soll an dieser Stelle nicht zu kompliziert werden, aber so viel sei gesagt: Wenn jemand drogensüchtig ist, befinden sich in seinem Körper Zellen, die nach den Drogen verlangen. So funktioniert das auch mit Substanzen, die uns froh, ärgerlich, ängstlich oder traurig machen, wie Adrenalin, Serotonin und Dopamin. Wenn Sie oft verärgert sind, entwickeln Sie eine zunehmende Sensibilität für die Substanzen, die diese Emotion auslösen. Dadurch neigen Sie automatisch schneller dazu, ärgerlich zu werden, weil es mehr Zellen in Ihrem Körper gibt, die „nach Ärger schreien“.

> Es ist noch nicht lange her, dass ich bei mir selbst eine Abhängigkeit von der Emotion „Gereiztheit“ entdeckte. Meine Nachbarn sind vor einem halben Jahr Eltern geworden, und es kommt immer wieder vor, dass ihr Baby viel und laut schreit. Nachdem das ein paar Mal am Sonntagmorgen um halb neun der Fall war (ich schlafe sonntags gerne aus), bemerkte ich, dass ich vom Weinen meines kleinen Nachbarjungen immer schneller genervt war.

Ein Mensch mit einem negativen Selbstbild kann von unterschiedlichen Emotionen abhängig sein. Die häufigste Abhängigkeit ist die von der Selbstquälerei. Wer sich nicht für hübsch, klug oder liebenswürdig hält, neigt im Allgemeinen dazu, sich selbst schlechtzureden oder als Opfer darzustellen. Durch eine Reihe von Erfahrungen ist es zur Gewohnheit geworden, diese Gedanken oder Emotionen zu durchleben; die Sensibilität für diese Gedanken und Gefühle hat im Laufe der Zeit zugenommen. Weil wir von negativen Gedanken und Gefühlen abhängig geworden sind, suchen wir unbewusst Situationen auf oder erzeugen welche, die uns eine neue Dosis Selbstquälerei liefern.

Hält man Menschen einen Spiegel vors Gesicht, haben viele die Neigung, sich wegzudrehen oder den Spiegel zu zerstören. Das tun sie, weil ihnen das Bild, das sich ihnen zeigt, nicht gefällt. Vielleicht fängt nun auch Ihr Verstand an, mit ein paar Beispielen aufzuwarten, die belegen, dass es andere Menschen sind, die Ihr Selbstbild negativ beeinflussen. Die Vorstellung, dass Sie selbst es sind, die aktiv nach einer Bestätigung Ihrer negativen Gedanken und Emotionen suchen, macht Sie am Anfang zunächst verletzlich. Es bedeutet ja, dass Sie nun erneut in Ihrem Selbstwert angegriffen werden, weil Sie von mir hören, dass Sie selbst verantwortlich für Ihr Denken und Fühlen sind. „Anscheinend habe ich dann gründlich was falsch gemacht in den letzten Jahren", denken Sie jetzt vielleicht. Wenn das auf Sie zutrifft, dann bedenken Sie bitte, dass Sie auch jetzt wieder in Selbstquälerei verfallen. Lesen Sie weiter: Es gibt einen Ausweg aus dieser Negativspirale.

Vermeidung authentischen Verhaltens

Es gibt einen großen Unterschied zwischen dem, was wir tatsächlich tun, und dem, was wir von unserem Verstand her tun müssten. Unser Kopf ist voll mit Regeln und Vorgaben, wie wir uns eigentlich verhalten sollten, und wir vergleichen diese Vorgaben mit unseren tatsächlichen Handlungen und unserer Leistung. Zum Beispiel vergleicht ein Hochspringer seine aktuelle Leistung mit der Leistung, die er gerne erreichen würde. Wenn er sich also vorgenommen hat, locker über zwei Meter zu springen, und er schafft das nicht, dann wird er logischerweise von sich selbst enttäuscht sein.

Wir neigen dazu,

- die Messlatte unserer Erwartungen viel zu hoch zu hängen,

- und unser tatsächliches Verhalten nicht zu akzeptieren, sobald wir den hohen Erwartungen nicht gerecht werden.

Wir können uns diesem Gedanken leicht annähern. Wir alle haben allerlei Ansprüche und Erwartungen an uns selbst im Kopf. Danach richtet sich die Bewertung des tatsächlichen Geschehens. Wenn wir einen Fehler gemacht haben, steht unser Selbstwertgefühl unter Druck, und wir tauchen ab oder strengen uns noch mehr an. Dasselbe gilt für die Bewertungen, die andere über unsere Leistungen abgeben. Wenn uns jemand sagt, wir hätten dieses oder jenes nicht perfekt gemacht, spüren wir die Diskrepanz zwischen Realität und Idealbild. Es sind somit die hohen Erwartungen unseres Verstands, die für die negativen Gefühle sorgen.

Diesen Gedanken können Sie auch auf Ihr Aussehen übertragen. Vermutlich haben Sie von Ihrem Umfeld gelernt, dass es sehr wichtig ist, wie jemand aussieht, dass gutes Aussehen viel zählt usw. Durch diese Erfahrungen haben Sie ein Bild davon, wie andere Menschen Sie sehen, wie Sie sich selbst sehen und wie Sie gern aussehen würden. In Ihrem Kopf ist ein Idealbild entstanden, dem Sie genügen wollen. Menschen, die ungern in den Spiegel schauen, finden sich hässlich, weil sie im Kopf absurde Ansprüche an ihr Aussehen stellen. Ihr Verstand wird jetzt vielleicht einwerfen, dass Sie doch tatsächlich zur Gruppe der „nicht so gutaussehenden“ Menschen gehören. Genau das meine ich, wenn ich davon spreche, dass wir unser (in diesem Fall) wirkliches Aussehen vermeiden. Weil Sie ja schon zu dem Schluss gelangt sind, unattraktiv zu sein, müssen Sie nicht mehr in den Spiegel schauen. Ihr Verstand ruft Ihnen zu, dass Sie seine Anforderungen ja doch nicht erfüllen können, deshalb müssen Sie gar nicht mehr in die Konfrontation mit sich selbst gehen.

Es gibt endlos viele und äußerst subtile Möglichkeiten, wie wir unser wirkliches, authentisches Verhalten und unser wirkliches äußeres Erscheinungsbild vermeiden. Wir merken deshalb oft gar nicht, dass wir uns damit selbst aus dem Weg gehen. Einige der häufigsten Vermeidungsstrategien sind:

- An andere Dinge denken, während man sich vor dem Spiegel die Zähne putzt.
- Erklärungen dafür abgeben, warum man das, was man gerne tun würde, noch nicht getan hat. Dabei werden gern Umstände angeführt, die einen davon abhalten, zum Beispiel, dass Vater oder Mutter erkrankt seien, dass das Fitnessstudio so schlecht zu erreichen sei usw.

Auch wenn es um das Aussehen geht, finden viele Menschen Erklärungen, indem sie beispielsweise sagen, dass es schwierig sei, gutaussehend und schlank zu bleiben, wenn man zwei Kinder hat und eine Familie managt.

- Humor oder Zynismus: Menschen können sich der Wahrheit entziehen, indem sie über schwierige Themen lockere Sprüche machen. Ich hatte einmal eine Klientin, die manchmal laut rief: „Die Kuh ist wieder auf der Weide!", wenn sie nach Hause kam. Humor relativiert, hat in solchen Fällen aber einen unangenehmen Beigeschmack. Einsame Menschen oder Menschen, die sich sehr unsicher fühlen, neigen dazu, Menschen, die in einer Beziehung leben, zynisch zu beurteilen. Oft handelt es sich dann um eine Form der Projektion, wie oben beschrieben.
- Keine Fotos von sich selbst anschauen wollen und/oder schon vorher darauf hinweisen, dass man auf den Fotos nicht gut getroffen sei.
- Schwimmbad, Sauna und Strände meiden oder beim Anprobieren von Kleidung nicht in den Spiegel schauen und prüfen, ob einem die Teile stehen.
- Keinen Umgang mit Menschen pflegen, die hinsichtlich Aussehen und Persönlichkeit das darstellen, was man selbst gern wäre.
- Nie auf die Waage steigen und nicht die Wahrheit sagen, wenn es um das eigene Gewicht geht.
- Kleidungsstücke tragen, die die natürlichen Körperformen verbergen, wie Oversize-Pullover oder weite Hosen.
- Viel Make-up verwenden und nicht ohne ein gründliches Makeover aus dem Haus gehen können.

Zweifelsohne werden Ihnen auch jetzt Gegenargumente einfallen, die nahelegen, dass einige dieser Vermeidungsstrategien einfach zum Leben dazugehören. Denn Sie *haben* schließlich eine Familie und es *ist* schwierig, neben allen Aufgaben auch noch gut für sich selbst zu sorgen. Sie gehen nicht ins Schwimmbad, weil es Ihnen einfach keinen Spaß macht und weil Sie wissen, dass alle anderen Sie dann anschauen und negativ einschätzen werden. Sie wissen selbst, dass Sie zu schwer sind, wozu sollten Sie auf die Waage steigen? Und ein Mann hat doch keine Ahnung, was Make-up für Frauen bedeutet. Komme ich in die Nähe Ihrer Argumente?

Sie wissen, dass ich nicht versuchen werde, Sie von dem Gedanken, dass diese Argumente nicht stichhaltig sind, zu überzeugen. Mir geht es darum, dass Sie einsehen, dass Sie mithilfe Ihres Verstands *von vornherein* erklären, warum Sie etwas tun bzw. nicht tun. Ihr Verstand hat eine Liste von unbequemen Situationen vorgelegt, und Sie haben daraufhin ein Geflecht aus Argumenten erstellt, die Sie von diesen Situationen fernhalten. Auf diese Weise müssen Sie nicht erleben, dass Sie Ihrem eigenen Idealbild nicht gerecht werden.

Wann haben Sie sich zuletzt wirklich ausführlich und intensiv mit sich selbst auseinandergesetzt? Da wir dies gern vermeiden, beginnt der Verstand, unser Selbstbild auszufüllen – mit den entsprechenden Konsequenzen. Und genau das ist die große Falle, in die wir so oft tappen. Sobald etwas geschieht, das Ihnen vermittelt, Sie würden Ihrem Idealbild nicht genügen, fängt die verrückte Maschinerie Ihres Verstands an, allerlei Schlussfolgerungen zu ziehen, wie hässlich und wertlos Sie doch sind. Der wichtigste Punkt hierbei ist, dass es nicht die Bemerkungen anderer Menschen sind, die als Ursprung Ihrer negativen Gedanken gelten können. *Es sind die Ansprüche, die Sie an sich selbst stellen, die die Probleme verursachen.*

Kehren wir noch einmal zu der Vorstellung zurück, dass wir von Gedanken und Emotionen abhängig werden können. Wie bei jeder anderen Sucht gilt auch hier: Das Eingeständnis der Abhängigkeit ist der erste und größte Schritt. Wenn Sie offen für die Vorstellung sein können, dass Sie abhängig von negativen Gedanken und Emotionen (über sich selbst) geworden sind, und wenn Sie erkennen, dass Sie die echten Erfahrungen im Hier und Jetzt aufgrund von früheren zufälligen Erfahrungen vermeiden, dann können Sie für sich selbst neue Wege finden, um damit umzugehen. Aber vielleicht hängen Sie noch sehr an diesen Gedanken und Gefühlen. Schauen wir uns an, wie es dazu kommt.

Tiefe Verbundenheit mit Gedanken und Gefühlen

Denken Sie an die Zeit zurück, als Sie noch ein Kind waren. Waren Sie sich damals Ihrer Gedanken schon bewusst, und haben Sie Ihre Gedanken so ernst genommen, wie Sie es heute tun? Die meisten von uns hatten eine unbeschwerte Kindheit. Ich finde es bezeichnend, dass das Wort „unbeschwert" gerade im Zusammenhang mit Kindern und Kindheit verwendet wird. Denn Kinder sind im Allgemeinen sehr gut in der Lage, unbeschwert zu sein.

> Meinen sechsten Geburtstag habe ich im Sandkasten gefeiert, den ganzen Tag lang. Ich hatte einen LKW aus Plastik geschenkt bekommen, und danach hatte ich keine Lust mehr, ins Haus zu kommen und höflich und nett zu den Tanten und Onkeln zu sein, die zu Besuch gekommen waren. Die meisten Erwachsenen, die an dem Tag anwesend waren, fanden das unerhört. Den allgemeinen Regeln zufolge hätte ich ins Haus kommen müssen, Kuchen essen müssen usw. Schlussendlich bin ich am Abend völlig erschöpft eingeschlafen, ohne auch nur einer lebenden Seele die Hand geschüttelt zu haben.

Viele Menschen sind neidisch auf die Person, die sie früher einmal waren, weil sie damals noch „locker und frei" im Leben standen. Danach wurden wir durch Erziehung, Erfahrung und gesellschaftliche Regeln in ein Korsett gezwängt, das uns auferlegte, alles, was wir denken und fühlen, sehr ernst zu nehmen.

Wir haben uns das nicht selbst ausgesucht, es wurde uns beigebracht, „vernünftig" zu sein und „unsere Gefühle nicht zu zeigen". Wir haben gelernt, was „gut" und „schlecht" ist und dass wir uns schuldig fühlen müssen, wenn wir etwas nicht so gut hinkriegen. So hat sich eine Verbundenheit mit allerlei Gedanken herausgebildet, die uns sagen, was wir tun und was wir lassen sollen. Der große Nachteil besteht darin, dass wir alles, was wir von außen aufnehmen, in unserem Verstand speichern und dem Inhalt dann unsere eigene Wendung geben. Wir können uns völlig verrückt machen, weil einmal jemand gesagt hat, wir würden nicht gut aussehen. Auf diese Weise entwickeln Menschen mit einer Mobbing-Vergangenheit ihr eigenes Bild der Realität. Weil sie früher oft hören mussten, dumm oder hässlich zu sein, haben sie das immer wieder in ihren Gedanken wiederholt, bis es zur eigenen Wahrheit wurde. Jetzt glauben sie selbst, dumm und hässlich zu sein, weil die Dinge vor Jahren so gelaufen sind.

Die Umstände nähren unsere Denkmaschine

Viele Menschen geben der Gesellschaft die Schuld an aller Negativität in ihrem Leben. Obwohl ich denke, dass diese Menschen den Anteil, den sie selbst in der Hand haben, um sich besser zu wappnen, unterschätzen, gebe ich ihnen teilweise auch recht. Die Anforderungen von außen sind manchmal sehr hoch, vor allem ist der Spielraum für Fehler in der Praxis sehr klein. Ohne irgendeine Glaubensrichtung beleidigen zu wollen: Es ist längst klinisch erwiesen, dass die Bestrafung von „falschem" Verhalten kontraproduktiv ist. In meinem Heimatland, den Niederlanden, sieht man immer noch den starken Einfluss der Kirche, sogar bei Menschen, die gar nicht gläubig sind. Die Vorstellung, dass man für seine Sünden büßen muss, überträgt sich auf alle möglichen Bereiche des gesellschaftlichen Lebens.

Eine Klientin kam zu mir in die Beratung, weil sie keine Kinder bekommen konnte. So schlimm die Kinderlosigkeit für sie persönlich auch war, ihr größtes Problem war gar nicht, selbst mit diesem Umstand fertig zu werden. Worum es im Grunde genommen ging, war, dass sie sich ihrem Mann, ihren Eltern und der Kirche gegenüber schuldig fühlte. Sie empfand sich als minderwertig, weil ihr schon als Kind eingeimpft worden war, dass es zu einer gesunden Ehe dazugehört, Kinder zu bekommen.

Solche Geschichten berühren mich sehr, und oft bin ich zugleich verärgert, weil die Regeln, die wir von Kindesbeinen an vermittelt bekommen, uns in der echten, manchmal knallharten Realität vor die größten Probleme stellen. Schon in jungen Jahren werden wir in ein Korsett gezwängt, das sich aus all dem zusammensetzt, was wir im Leben schaffen und leisten sollen. Können wir einmal nicht mithalten, haben ein Handicap oder einfach nur Pech gehabt, dann sagt unser Verstand (aufgrund der Art und Weise, wie uns die Regeln eingetrichtert wurden), dass wir uns schuldig und wertlos fühlen sollen.

Wie dem auch sei, Fakt ist, dass wir hier und heute leben und irgendwie zusehen müssen, wie wir mit diesem Gepäck zurechtkommen. Wir können toben, uns ärgern und alles und jeden beschimpfen, der uns auf diese negative Weise geprägt hat. Für mich ist es ein logischer Gedanke, dass unser Selbstbild aufgrund unserer bisherigen Erfahrungen entstanden ist. Diesen Umstand können wir jetzt nicht mehr verändern. Was wir heute tun können, ist, nachzuvollziehen, wie unser Verstand diese Erfahrungen verpackt und in unsere Gegenwart gebracht hat. Und dann stellt sich die Frage: Was tun wir im Hier und Jetzt damit?

Wer wären Sie heute, wenn ...

Das Verzwickte an dieser Angelegenheit ist, dass wir durch zufällige Erfahrungen und Erlebnisse allerlei Gedanken über uns selbst entwickeln, die unser Verhalten negativ lenken.

© Klaus Gehrmann

Arbeitsblatt:
Meine zufälligen Erlebnisse und negativen Gedanken

Können Sie so ein zufälliges Erlebnis nennen, das bei Ihnen zu negativen Gedanken über Sie selbst geführt hat, Gedanken, die heute immer noch lebendig in Ihnen sind? Schreiben Sie diese Erfahrungen und die Gedanken, die aus diesen Erfahrungen hervorgegangen sind, auf:

Zufälliges Erlebnis in der Vergangenheit	Negative Gedanken, die noch immer lebendig sind
Bauch schaut unterm T-Shirt raus Mama/Frau: „Du bist zu dick, du musst dich mehr bewegen und darfst keine Süßigkeiten mehr essen	⇒ ich habe keine schöne Figur, ich bin unförmig
Mama ist überlastet, findet es mit mir/mich viel zu anstrengend; ~~Tom~~, wenn ich nicht gemacht habe, wie er es gedacht hat	⇒ ich bin nicht tragbar, nicht zu ertragen ich bin zu viel für andere

ausgelacht wg. meiner kindlichen Ideen ⇒ ich bin naiv, nicht intelligent genug

Stellen Sie sich nun vor, was mit Ihren Gedanken geschehen wäre, wenn Sie diese zufällige Erfahrung nicht gemacht hätten. Wahrscheinlich hätten Sie diese Gedanken dann gar nicht oder nicht so ausgeprägt gehabt. Stimmt das? Es ist also eigentlich die zufällige Erfahrung, die diese negativen Gedanken nach sich gezogen hat. Interessant ist dann die Frage: Wie sehr sind Sie jetzt noch von diesen Gedanken überzeugt, wenn Sie sehen, dass sie durch Zufall entstanden sind?

Die wichtigste Schlussfolgerung ist daher: *Wenn Sie sich von Ihren Gedanken über sich selbst leiten lassen, lassen Sie sich von den zufälligen Erfahrungen leiten, die diese Gedanken ausgelöst haben.*

Zusammenfassung

Wenn wir einmal erkannt haben, dass Gedanken und Emotionen abhängig machen können, können wir auch ein Gespür dafür entwickeln, wie diese Gedanken und Emotionen dafür sorgen können, dass wir unser wirkliches Verhalten unterdrücken. Da wir im Kopf strenge Regeln formuliert haben, machen wir es uns im Alltag sehr schwer. Es gibt verschiedene Mittel und Wege, wie wir unsere Wirklichkeit zu vermeiden suchen. Viele dieser Mittel und Wege sind so subtil, dass wir oft gar nicht bemerken, dass wir Vermeidungsstrategien einsetzen. Wenn Sie erkennen, wie Ihr Verstand dieses Vermeidungsverhalten aufrechterhält, können Sie sich aus dem Netz Ihrer Gedanken befreien. Im Laufe der Jahre hat sich durch zufällige Erfahrungen und Erlebnisse ein Gedankensystem etabliert, das zu Ihrem aktuellen Selbstbild geführt hat und zu den Mitteln und Wegen, die Sie einsetzen, um einige Aspekte dieses Selbstbildes zu vermeiden.

Tipps und Aufgaben

Arbeitsblatt:
Meine negativen Gedanken und Emotionen

Schauen Sie sich die Liste der negativen Gedanken an, die noch immer lebendig sind. Das wird Ihnen dabei helfen, ein Gesamtbild der Gedanken und Emotionen zu erhalten, von denen Sie wahrscheinlich abhängig geworden sind. Erstellen Sie in der nächsten Woche eine noch ausführlichere Liste der Gedanken und Emotionen, die Ihnen oft in die Quere kommen. Wenn Sie merken, dass Sie einen Gedanken haben oder eine Emotion spüren, die auf der Liste steht, können Sie sehen, dass es sich dabei vermutlich um einen Ihrer sensiblen Punkte handelt. Nehmen Sie wahr, dass das geschieht, aber kämpfen Sie nicht dagegen an. Registrieren Sie, wo Ihre Schwachstellen liegen. Wenn Sie ehrlich sind und so erkennen können, wann und in welchen Situationen diese Emotionen und Gedanken oft hochkommen, haben Sie ein mächtiges Instrument in der Hand, das Ihnen im späteren Verlauf noch sehr nützlich sein wird. In den kommenden Kapiteln werden wir noch ausführlicher darüber sprechen.

Häufig auftretende, negative Gedanken	**Die Emotionen, die daraus erwachsen**
Beispiel: *Ich bin dick, hässlich, wertlos.* *Ich bringe nichts zustande.*	*Minderwertigkeitsgefühle,* *Traurigkeit, Wut, Selbsthass*
Ich bin nicht tragbar	Traurigkeit, Resignation Unverständnis
Ich bin unförmig	Minderwertigkeitsgefühl
Ich bin nicht intelligent	" "
Ich kann nicht selbes für mich sorgen	" " Versagensängste
Mich will keiner	Minderwertigkeit Traurigkeit, Verzweiflung

Arbeitsblatt:
Mein Idealbild und wer ich wirklich bin

Schreiben Sie eine Liste der Dinge, die Sie als Person ausmachen, und der Dinge, die Sie in Wirklichkeit tun, und stellen Sie diese Liste dem Idealbild, das Ihnen Ihr Verstand vorgibt, gegenüber. Es geht darum, den Unterschied zwischen den Regeln, die Ihnen der Verstand auferlegt, und der Person, die Sie wirklich sind, zu erkennen. So bitter es auch sein mag: Sie erfüllen Ihr Idealbild nicht. Sie sind, was Sie heute tun, wie Sie heute aussehen, und Sie repräsentieren das Leben, das Sie heute führen. Alles andere sind Spielereien Ihrer Gedanken. Ich habe schon ein paar Dinge aufgeschrieben, um Ihnen den Einstieg zu erleichtern.

Das Idealbild, wie es mein Verstand mir vorgibt	Wer ich wirklich bin und was ich wirklich tue
Ich sollte 65 kg wiegen. *Ich sollte eine Ausbildung machen.* *Ich sollte mehr Sport machen.*	*Ich wiege 75 kg.* *Ich suche immer noch nach der richtigen Ausbildung.* *Ich komme nicht dazu, mehr Sport zu machen.*
einen Partner haben	Single momentan in der Persönlichkeitsentwicklung
2700€ verdienen	Ich verdiene 1700€
Leo eine gute Mutter sein Zeit / Geduld / …	zu wenig Geduld zu wenig Zeit
weniger und gesünder essen	Essen = Belohnung gesund oft zu anstrengend
mich mehr bewegen	oft zu müde, keine Zeit
intensiv für die Prüfung lernen	Lernverweigerung

Es kann konfrontierend sein, eine solche Liste zu erstellen. Trotzdem ist es sehr wichtig, dass Sie sich dem stellen, was in Ihrem Leben wirklich vor sich geht. Wir können nur aktiv werden, wenn wir erkennen, was unsere Realität ist – unabhängig davon, wie wir mit unserem Verstand versuchen, diese Realität von uns fernzuhalten.

Arbeitsblatt:
Meine Vermeidungsstrategien

Vielleicht haben Sie in der Vergangenheit schon öfter versucht, das Ruder herumzureißen. Menschen, die gern abnehmen würden, nehmen sich dann vor, grundsätzlich mehr Sport zu machen und weniger zu essen. Das ist ein Beispiel für Selbstkontrolle. Man versucht, sich zu zwingen, die Anforderungen des Verstands zu erfüllen, indem man anders denkt und beispielsweise dem Appetit nicht nachgibt oder der fehlenden Motivation zum Sport. Es ist wichtig, zu verstehen, dass diese Herangehensweise offenbar nicht immer – oder nur vorübergehend – funktioniert. Je weiter Sie in diesem Buch vorankommen, umso mehr werden Sie entdecken, dass es einen Unterschied gibt zwischen dem, was Ihnen Ihr Verstand sagt, das Sie tun *sollen*, und dem, was Sie wirklich tun *wollen*.

Wie vermeiden Sie Ihre Realität? Schreiben Sie die Strategien, die Sie dafür entwickelt haben, in eine Liste, und sehen Sie die Einträge sorgfältig und aufmerksam an. Versuchen Sie in den nächsten Tagen, sich diejenigen Momente bewusst zu machen, in denen Sie Ihr Spiegelbild und all die Dinge, die Sie nicht so gut können usw., vermeiden. Sie müssen nichts ändern. Es geht in dieser Phase nur darum, dass Sie sehen und erkennen, was Sie alles tun, um sich vor negativen Gefühlen zu schützen. Schauen Sie sich die Beispiele an, die ich oben genannt habe, falls es Ihnen nicht gelingt.

Meine Strategien, die Realität zu vermeiden:

* gute Begründungen für Dinge, die ich nicht getan habe
* „wichtige" Arbeiten vorschieben, die zuerst erledigt sein müssen

- Vielleicht rufen Ihre Gedanken Ihnen nun zu, dass Sie überhaupt keine Lust zu einer Konfrontation mit sich selbst haben, dass alles gut ist, so wie es ist, und dass es Ihnen unter den gegebenen Umständen doch gut geht. Vielleicht sagt Ihr Verstand Ihnen auch, dass Sie dieses Buch gar nicht brauchen oder dass Sie noch nicht stark genug dafür sind. Machen Sie sich bewusst, dass dies auch Mittel und Wege sind, mit denen Ihr Verstand versucht, sich Ihrer Realität zu entziehen. Seien Sie dazu bereit, diesen Kampf für den Moment zu akzeptieren, und fahren Sie mit der Selbsterkundung fort.

Die nächste Frage ist nun: Angenommen, ich würde das Vermeiden beenden, wie werde ich dann die negativen Gedanken über mich selbst wieder los? Wie kann ich die Person werden, die ich bin, ohne diese negativen Urteile? Das ist Thema des nächsten Kapitels.

5 Kognitive Defusion: Abstand zu unseren Gedanken gewinnen

Jetzt ist es an der Zeit, die Liste mit Ihren Überzeugungen und Glaubenssätzen („Ich bin ...") aus Kapitel 2 wieder zur Hand zu nehmen. Ich hoffe, dass die vorhergehenden Kapitel Ihnen geholfen haben, besser zu verstehen, wie diese Aussagen, die mit „Ich bin ..." anfangen, zustande gekommen sind. Nun ist es wichtig, neu und anders zu betrachten, wie wir mit diesen Überzeugungen umgehen.

Die Regeln Ihres Selbstbildes

Was ist ein Selbstbild eigentlich? Der Begriff wird viel verwendet, aber was ist damit genau gemeint? Meiner Meinung nach ist unser Selbstbild die Summe der psychologischen Konstrukte, die wir im Laufe der Jahre über uns selbst ausformuliert haben. Mit anderen Worten: Das Selbstbild ist die Gesamtheit der vielen Informationspartikel über uns selbst, die uns durch den Kopf schwirren.

Im vorhergehenden Kapitel habe ich erläutert, dass die Gedanken, die wir uns über uns selbst bilden, durch Umstände in unserem Leben zustande kommen; wir entscheiden uns nicht aktiv für sie. Das bedeutet aber auch, dass wir uns offensichtlich viel zu sehr von Zufälligkeiten in unserem Leben leiten lassen und dass unsere Gedanken keineswegs objektiv sind. In meinem Buch *Denk, was du willst – wage, was du träumst* (Jansen, 2015) habe ich eine Schritt-für-Schritt-Anleitung präsentiert, die dabei hilft, den eigenen Verstand in einem anderen, einem kritischeren Licht zu sehen. So gesehen, ist dieses Buch nun eine Fortsetzung, in der ich nun intensiver auf die Person eingehen möchte, die sich hinter den Gedanken verbirgt.

So ähnlich wie Menschen mit einer sozialen Phobie sich und ihrer Umgebung strenge Regeln auferlegen, sind wir alle in der Gesamtheit der Gedanken, die wir uns über uns selbst machen, gefangen. Bei den Aussagen auf der „Ich bin ...“-Liste handelt es sich im Grunde genommen um *Regeln* und nicht um absolute Wahrheiten. Wenn Sie sich hässlich finden, ist das eine Regel, die Sie aufgrund von zufälligen Erfahrungen aufgestellt haben. Die Erfahrungen sind zufällig, und damit ist auch die Tatsache, dass Sie sich hässlich finden, zufällig. Es ist schlichtweg ein Produkt Ihrer Geschichte, das Sie im Laufe der Zeit als wahr eingestuft haben.

Nehmen Sie nun die Liste hinzu. Welche Auffassungen über Ihr Selbst würden bestehen bleiben, wenn Sie völlig konträre Erfahrungen in Ihrem Leben gemacht hätten? Streichen Sie die Auffassungen, die dann wegfallen, mit einem roten Stift durch. Was bleibt übrig? Stellen Sie sich zum Beispiel vor, Sie wären als Kind nicht gehänselt worden, Sie hätten zufällig nicht diesen schwierigen Partner oder diese schwierige Partnerin getroffen oder einen liebevollen Vater gehabt und keinen abweisenden. Übertragen Sie diese Gedanken auf Ihr Leben und Ihre Geschichte.

Eine wichtige Frage ist nun: „Wenn ich nicht das bin, was ich denke, was bleibt dann von mir als Person übrig?“ Es ist nicht gerade angenehm, gesagt zu bekommen, dass das komplette Fundament der eigenen Überzeugungen über die eigene Person auf Zufälligkeiten beruht. Dennoch ist es wichtig, sich das bewusst zu machen und es vor allem zu spüren, bevor wir uns neu entdecken können. Zunächst müssen wir uns von unseren starren Überzeugungen und Glaubenssätzen, die uns fest im Griff haben, lösen.

Es spricht für sich, dass Ihr Verstand in dieser Phase unsichere Gedanken produziert. Versuchen Sie, nicht dagegen anzukämpfen, sondern sehen Sie es als notwendiges Übel und logische Konsequenz dessen, was Sie gerade tun. Es gehört zu dieser Phase dazu. Sie dürfen sich aber schon auf das, was kommen wird, freuen. Lesen Sie weiter und entdecken Sie Ihre wahren Sehnsüchte!

Hinter den Wolken, da sind Sie

Da wir so stark mit unseren Gedanken und Gefühlen über unser Selbst „verschmolzen“ sind, lassen wir uns durch diese Gedanken und Gefühle *leiden.* Nein, das ist kein Tippfehler. Wenn wir uns von unseren Gedanken und Gefühlen *leiten* lassen, führt das meistens dazu, dass wir unter diesen Gedanken und Gefühlen *leiden.*

Da unser Verstand dazu neigt, die Dinge vor allem in ein negatives Licht zu tauchen, entsteht bei den meisten von uns ein sehr „trübes“ Selbstbild. Wenn Sie hinter diese Wolken blicken und sehen möchten, wer sich dahinter verbirgt, müssen Sie sich erst von der Macht der Sprache, die Sie fest im Griff hat, lösen.

Kognitive Defusion

Eine effektive Strategie, die hierbei gut helfen kann, ist die sogenannte *kognitive Defusion.* Kurz erklärt, handelt es sich bei kognitiver Defusion darum, dass wir mit unseren Gedanken und den damit einhergehenden Gefühlen auf eine völlig andere Art und Weise umgehen. Anstatt auf alles zu hören, was der Verstand uns sagt, machen wir nun etwas anderes damit und geben unseren Gedanken eine andere Bedeutung.

In diesem Kapitel werde ich Sie bitten, ein paar Übungen zu machen. Es ist trotz des Widerstands, den Sie vielleicht spüren werden, wirklich sehr wichtig, dass Sie diese Übungen ausprobieren. Kognitive Defusion kann Sie nämlich von der Wirkung Ihrer Gedanken auf Ihren Gemütszustand befreien. Versuchen Sie bitte, dieses Kapitel als Experiment zu verstehen, bei dem Sie lernen können, mit Ihren Gedanken zu spielen.

Übung:
Ich wurde aufgenommen

Ich hoffe, dass Sie die Liste mit Ihren Überzeugungen und Glaubenssätzen („Ich bin ...“) vollständig ausgefüllt haben. Wenn Sie es noch nicht geschafft haben, dann können Sie es jetzt nachholen und sich von der untenstehenden Aufzählung inspirieren lassen, die ich für diese Gelegenheit zusammengestellt habe. Übernehmen Sie für Ihre Liste aber nur das, was Ihrer Meinung nach auf Sie zutrifft.

schlau, dumm, gesellig, zurückgezogen, offen, verschlossen, sportlich, unsportlich, ehrlich, unehrlich, lieb, nett, distanziert, emotional, ruhig, an-

gespannt, abhängig, unabhängig, bissig, dominant, still, unterwürfig, ein/e Denker/in, ein/e Macher/in, ängstlich, wütend, fröhlich, hässlich, hübsch, cool, ein Angsthase

Natürlich überschneiden sich die Begriffe teilweise, und nicht jeder Begriff trifft auf jede Situation in Ihrem Leben zu. Es geht darum, dass Sie die Wörter auswählen, die regelmäßig in Ihren Gedanken oder in Gesprächen mit anderen Menschen wiederkehren.

Machen Sie mit einem Audiorekorder oder Ihrem Smartphone eine Aufnahme davon, wie Sie die Liste laut vorlesen. Nehmen Sie die Sätze im wahrsten Sinn des Wortes auf, indem Sie sie laut aufsagen.

Hören Sie sich die Aufnahme an und achten Sie darauf, wie Ihre Stimme klingt. Was fällt Ihnen auf? Welche Gedanken gehen Ihnen durch den Kopf? Was fühlen Sie, wenn Sie sich selbst zuhören? Es geht darum, dass Sie bereit sind, diese Gedanken und Gefühle zuzulassen. Das haben Sie lange Zeit nicht getan, und so ist ein seltsames Bild in Ihrem Kopf entstanden. Nun, das sind Sie also. Das ist Ihre Stimme, und das ist, was Sie über sich selbst denken.

Hören Sie sich die Aufnahme mehrfach komplett an, mindestens fünf Mal. Achten Sie nun genau auf den Inhalt dessen, was Sie da sagen. Wie fühlt es sich an, sich selbst so über sich reden zu hören? Fühlt es sich seltsam an? Steigen heftige Gedanken in Ihnen auf?

Schreiben Sie anschließend alle Gedanken und Gefühle, die Sie während dieser Übung hatten, auf. Es ist sehr wichtig, dass Sie jetzt nicht aufhören. Beschreiben Sie, was Sie dachten und was Sie fühlten in Form einer kleinen Geschichte. Zum Beispiel: „Als ich mich selbst reden hörte, dachte ich: Was für eine seltsame Stimme ich habe! Hören andere Menschen mich so? Es fühlt sich nicht schön an, wenn ich mir zuhöre und wenn ich höre, was ich da über mich sage." Die Geschichte kann so lang werden, wie Sie möchten. Versuchen Sie, alles aufzuschreiben, was Sie dachten und fühlten.

Löschen Sie Ihre erste Aufnahme nicht. Nehmen Sie nun auch diese Geschichte auf und hören Sie sich die Aufnahme an. Was fällt Ihnen jetzt auf? Wie klingt Ihre Stimme? Bemerken Sie Schamgefühle? Verlegenheit? Fühlen Sie sich unangenehm berührt? Welche Gedanken haben Sie? Hören Sie auch diese Aufnahme mindestens fünf Mal an und beobachten Sie Ihre Gedanken und Ihre Gefühle. Lassen Sie alle Gedanken und Gefühle, die in Ihnen entstehen, zu und versuchen Sie, nicht dagegen anzukämpfen. Lassen Sie Ihren Verstand einfach mal rattern, denn genau das tut er in solchen Momenten.

Und jetzt: Hören Sie sich die erste Aufnahme noch einmal an und schauen Sie sich dabei die Geschichte, die Sie aufgeschrieben haben, an. Hat sich etwas verändert? Haben Sie andere Gedanken und Gefühle? Und wie stark empfinden Sie jetzt das, was Sie beim ersten Mal gefühlt haben?

Die meisten Menschen merken bei dieser Übung, dass sich die Macht der Gedanken und Gefühle zunächst verstärkt, um beim erneuten Abhören der ersten Aufnahme schwächer zu werden. Wie war es bei Ihnen? Im Idealfall werden Sie merken, dass Sie besser zuhören, ohne dass Ihr Verstand mit allerlei Bewertungen über Sie dazwischenfunkt. Das erlaubt es Ihnen, mehr auf sich selbst zu hören und weniger auf Ihren Verstand.

Übung:
Gedanken auf Notizzetteln

Setzen Sie sich allein in ein Zimmer und nehmen Sie einen Block mit selbstklebenden Notizzetteln zur Hand. Lassen Sie Ihren Gedanken über sich selbst freien Lauf und schreiben Sie jeden Gedanken, der Ihnen in den Sinn kommt, einzeln auf einen Zettel. Kleben Sie die Zettel dann Stück für Stück auf eine größere Oberfläche in dem Zimmer, zum Beispiel auf den Fernseher, einen Tisch oder ein Stück Wand. Lassen Sie sich Zeit, schreiben Sie alles auf, was Ihnen in den Sinn kommt, und nehmen Sie wirklich für jeden Gedanken einen Zettel. Wenn Sie zum Beispiel denken: „Was ist denn das schon wieder für eine seltsame Übung?", schreiben Sie auch diesen Gedanken auf einen Zettel und kleben ihn zu den anderen. Wenn Sie denken, Sie würden die Übung am liebsten beenden: Schreiben Sie es auf! Auch das ist ein Gedanke, der von Ihrem Verstand produziert wird. Halten Sie die Übung durch, bis Ihre Zettel-Sammelstelle vollständig mit Ihren Gedanken zugeklebt ist.

Was denken und fühlen Sie, wenn Sie sich Ihre Kreation in Ruhe anschauen? Sieht es komisch aus? Oder lustig? Ist es nicht verrückt, sich vorzustellen, dass Ihr Verstand das eigentlich jeden Tag mit Ihrem Kopf macht? Ihr Kopf wird tagtäglich mit Zetteln zugehängt, die Ihnen sagen, was Sie tun sollen und was nicht und was Sie fühlen sollen und was nicht. Ihr Verstand macht in Ihrem Inneren das, was Sie soeben im Außen dargestellt haben.

Nachdem Sie die vielen Zettel aufgeklebt haben, können Sie die Fläche darunter gar nicht mehr sehen. Die Zettel verhindern Ihre Sicht auf den Tisch, den Fernseher, die Wand. Genau das tun Ihre Gedanken auch in Ihrem Kopf. Sie füllen Ihren Kopf und verhindern, dass Sie noch erkennen können, was tatsächlich um Sie herum geschieht.

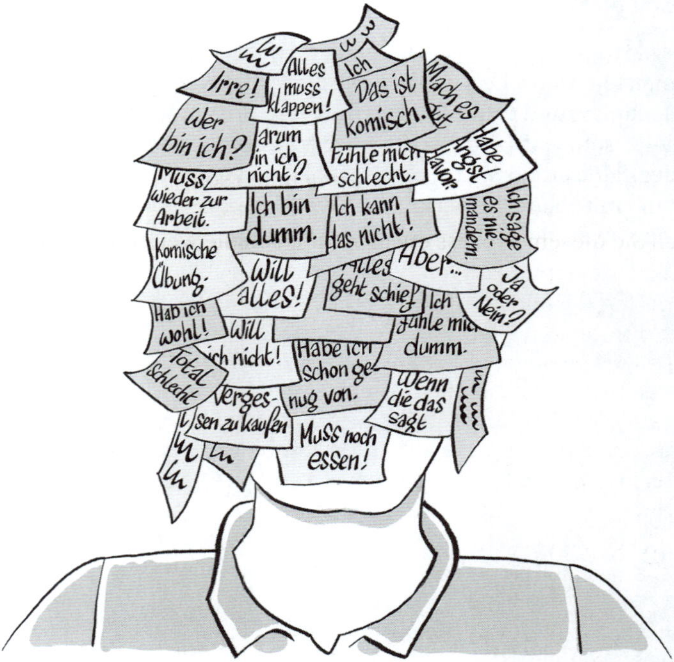

© Klaus Gehrmann

Warum der Verstand sich sträubt

Wenn Sie die beiden Übungen gemacht haben, spüren Sie wahrscheinlich schon einen Effekt und merken, dass die Macht Ihrer Gedanken und Gefühle abgenommen hat. Auf der anderen Seite werden Sie auch noch Widerstand dagegen spüren, diesen Prozess fortzusetzen. Der Grund dafür ist einfach: Sie haben Ihr ganzes Leben lang nach den Gesetzen und Regeln Ihres Verstands gelebt. Und auf einmal bitte ich Sie, diese

Gesetze aufzugeben. Das ist keine Kleinigkeit! Gesetze geben unserem Leben Struktur. Wie negativ Ihr Selbstbild auch sein mag, es gibt Ihnen auch Halt. Sie müssen gar nicht allzu viele negative Gefühle haben, solange Sie das tun, was Ihr Verstand Ihnen nahelegt. Solange Sie Situationen und Menschen aus dem Weg gehen, die Ihr negatives Selbstbild bestätigen, ist das Problem überschaubar. Warum sollten Sie also diese ganze Mühe auf sich nehmen?

Dieses Gedankenmuster passt exakt zu dieser Phase, in der Sie anfangen, sich von Ihren Gedanken zu lösen. Im Grunde genommen sind Sie dabei, den „Entzug“ zu starten. Wenn Gedanken und Gefühle abhängig machen, ist es logisch, dass Ihr Verstand sich dagegen sträubt, dass er seine Gedanken nicht mehr so ernst nehmen soll.

Geben Sie diesem Prozess etwas Zeit. Üben Sie weiter: in dem Wissen, dass diese neuen Techniken Ihnen auf lange Sicht leichter fallen werden. Sie werden das nicht auf Anhieb perfekt beherrschen. Üben Sie diese Techniken, so wie es jede Sportart oder jedes andere Hobby erfordert. Je mehr Sie trainieren, umso besser werden Sie dieses Spiel beherrschen.

Nehmen Sie auch die unsicheren Gefühle bezüglich Ihrer Identität vorläufig noch in Kauf. Sie haben immer gedacht, dass Ihre Identität aus dem besteht, was Sie über sich selbst denken. Jetzt, wo sich diese Gedanken als Wolken entpuppt haben, fragen Sie sich zunehmend, was der blaue Himmel hinter den Wolken denn zu bedeuten habe. Im nächsten Kapitel werden wir uns ausführlich mit dieser Frage beschäftigen. Lassen Sie für den Moment die widersprüchlichen Gedanken und Gefühle zu, während Sie die nachfolgenden Übungen durchführen.

Die Gedanken sprechen hören

Mit einem Freund oder einem Psychologen über Probleme zu sprechen, bedeutet für fast alle Menschen eine Erleichterung. Wenn man seine Trauer, Wut oder Scham mitteilen kann, wird das meist als angenehm empfunden. Das hat damit zu tun, dass man in diesem Moment den Kampf des Verstands nach außen transportieren kann. Wenn man darüber spricht, spielt sich der Kampf nicht mehr nur in Ihrem Kopf ab.

Ich denke allerdings nicht, dass das Reden mit anderen Menschen auch langfristige Effekte erzielt. Es ist ein Hilfsmittel, mehr nicht. Viel wichtiger ist, dass wir aus uns selbst heraus eine andere Haltung unserem Verstand gegenüber einnehmen. Wenn wir beginnen, Gedanken als zufällige und oft auch widersprüchliche Informationshäppchen zu sehen, die unseren Kopf tagtäglich volltapezieren, können wir uns selbst beibringen, diese Informationen auf andere Art und Weise zu verarbeiten. Die folgende Übung kann dabei helfen:

Übung:
Die Gedanken laut aussprechen

Wenn Sie gerade über sich selbst oder über eine Entscheidung, die ansteht, am Grübeln sind, sprechen Sie Ihre Gedanken einmal laut aus. Meistens tobt ein Kampf zwischen positiven und negativen Gedanken. Sprechen Sie die positiven Gedanken anders aus als die negativen. Zum Beispiel könnten Sie positive Gedanken mit hoher, schneller Stimme sprechen und negative Gedanken mit einer tiefen, langsamen Stimme. Der Zweikampf zwischen positiven und negativen Gedanken besteht ja schon länger. Nun holen Sie diesen Kampf aus Ihrem Kopf heraus und bringen die Gedanken nach außen. Wenn Ihnen die Übung seltsam vorkommt, ist das auch wieder ein Gedanke, den Sie langsam und mit tiefer Stimme aussprechen können.

Geben Sie Ihrem Verstand einen Kosenamen

Auch wenn Ihnen Ihr Verstand einflüstert, Sie würden diese oder jene Dinge nicht gut können oder nicht schaffen, haben Sie immer noch die Wahl, diese Dinge trotzdem zu tun. Sie können auf Distanz zu Ihrem Verstand gehen, indem Sie ihm beispielsweise einen Kosenamen geben. Das funktioniert gut, vor allem, wenn Sie bereit sind, ab und zu eine Geschichte darüber zu schreiben. Wählen Sie einen Namen, der Sie an eine Person erinnert, die Sie mögen, mit der Sie aber nicht befreundet sind.

Wenn Sie das machen, unterscheiden Sie zwischen dem, was Ihr Verstand dachte und fühlte, *während* Sie das taten, was Sie an diesem Tag eben taten. Nehmen Sie wahr, wann Sie auf Ihren Verstand hören und wann nicht. Natürlich schafft es auch „Harry" ab und zu noch, mich zu überzeugen. Es ist nicht schlimm, wenn Ihnen das auch passiert, solange Sie merken, *dass* es passiert. Nehmen Sie eine distanzierte, aber keinesfalls feindselige Haltung Ihrem Verstand gegenüber ein. Denn was immer Sie auch tun: Ihr Verstand wird immer bei Ihnen sein. Die Frage ist, ob Sie bereit sind, das zu tun, was Ihnen wichtig ist, obwohl Ihr Verstand laut ruft, dass Sie das nicht hinkriegen werden.

Ich habe meinen Verstand *Harry* genannt. Harry erlebt gedanklich die größten Dramen und hat seine ganz eigene Welt, die oft gar nichts mit der Wirklichkeit zu tun hat. Mir hilft es, wenn ich ab und zu aufschreibe, was Harry so alles denkt. Hier ein kleiner Auszug:

> Harry hatte heute Morgen schlechte Laune. Er sagte mir, ich soll gar nicht erst zur Arbeit gehen, es würde ja doch nichts dabei rauskommen. Die Winterzeit hat gerade angefangen, und Harry leidet unter Herbstmüdigkeit. Er denkt, dass ich heute nicht gut in der Lage bin, Therapiestunden abzuhalten. „Wenn es mir schon so schlecht geht, wie wird es dann erst bei dir sein?", versucht Harry mich zu beeinflussen. Ich hörte Harry eine Weile zu und sagte dann, dass ich Lust auf einen Kaffee hätte. „Hast du nicht gehört, was ich dir gesagt habe?", fragte Harry ärgerlich. Ich sagte ihm, ich hätte ihn natürlich gehört, das würde aber nicht heißen, dass ich ihm auch folgen würde. Ich hatte mehrere schöne und wertvolle Sachen für den Tag geplant. Harry hatte keine Lust und sträubte sich weiter. Den Rest des Tages hat er bockig neben mir gesessen, während ich letztlich einen geschäftigen und wertvollen Tag erlebt habe.

Übung:
Die „perfekte Tagesschau"

Die meisten Menschen mit einem negativen Selbstbild verordnen sich strenge Regeln, die sie unbedingt erfüllen müssen. Oft meldet der Verstand sich schon am Morgen zu Wort und präsentiert eine Liste von Ansprüchen zu allerlei Sachen, die den Tag über abgearbeitet werden müssen. Nehmen Sie am Morgen Ihr Aufnahmegerät oder Smartphone zur Hand und entwickeln Sie Ihre ganz persönliche „perfekte Tagesschau". Das könnte ungefähr so aussehen:

„Guten Morgen und herzlich willkommen bei der ‚perfekten Tagesschau'. Heute muss ich ordentlich viel lernen für die Prüfung am kommenden Freitag. Ich habe noch nicht genug gemacht, und ich will mindestens eine Zwei schaffen, sonst wäre ich enttäuscht. Außerdem muss ich noch einkaufen gehen und eine Freundin besuchen. Dieser Freundin geht es nicht besonders gut, das heißt, ich darf nicht zu viel über mich selbst reden. Ich muss ihr zur Seite stehen und sie unterstützen. Danach gehe ich noch ins Fitnessstudio – egal, ob ich Lust habe oder nicht. Ich will mindestens 400 Kalorien verbrennen, weil ich auf mein Gewicht achten will. Dann sollte ich früh genug nach Hause kommen, denn ich koche heute Abend für mich und meinen Freund, und er isst am liebsten sofort etwas, wenn er von der Arbeit zurück ist. Danach habe ich noch ein paar Dinge im Haus zu erledigen, und ansonsten sollte ich nicht zu spät ins Bett gehen. Vielen Dank fürs Zuhören. Morgen gibt es wieder eine ‚perfekte Tagesschau'".

Machen Sie Ihre eigene offizielle Tagesschau und sprechen Sie den Text mit feierlicher Stimme auf Ihr Aufnahmegerät. Hören Sie sich die Aufnahme ein paar Mal an.

Das ist eine ausgezeichnete Übung für Menschen, die unter ihrem Drang zum Perfektionismus leiden. Genau diese Menschen machen aber die Übung oft nicht – aus Angst, sie könnten sie nicht perfekt machen. Das zeigt einmal mehr, wie unser Verstand die Konfrontation mit dem echten Leben vermeidet. Die Regeln loszulassen oder sich über sie lustig zu machen, hat zur Folge, dass wir die Kontrolle loslassen. Viele Menschen sind nicht dazu bereit, weil es ihnen Angst macht. Der Nachteil dieser Kontrolle ist allerdings, dass man langfristig die Ansprüche immer höherschraubt und sich somit immer strengere Regeln auferlegt. Die Frage ist, ob Sie für den Rest Ihres Lebens ein Sklave dieser Regeln bleiben wollen.

Übung:
Eine andere Stimme

Wenn Sie bereit sind, Ihre Gedanken über sich selbst mit jemand anderem zu teilen, können Sie die folgende Übung machen. Es geht darum, eine kleine Geschichte aus der Liste mit Ihren Überzeugungen und Glaubenssätzen („Ich bin …") aus Kapitel 2 zu machen. Zum Beispiel so:

Ich bin sportlich, weil ich oft ins Fitnessstudio gehe.
Ich bin schüchtern, weil ich in Gruppen nie etwas sage und weil ich denke, dass ich nicht klug genug bin.
Ich fühle mich oft deprimiert, weil ich unattraktiv bin.
usw.

Zeigen Sie die Geschichte einer anderen Person und fragen Sie sie, ob sie die Geschichte vorsprechen und aufnehmen würde. Die Person soll exakt Ihre Worte verwenden und nichts hinzufügen. Hören Sie sich die Aufnahme an, wenn Sie wieder allein sind.

Lassen Sie sich nicht auf eine Diskussion über Ihre Überzeugungen mit der anderen Person ein. Vielleicht verspüren Sie beide den Drang, den jeweils anderen von einer anderen Sichtweise überzeugen. Aber der Sinn dieser Übung ist nicht, dass Sie Ihre Gedanken und Gefühle ausdrücken, sondern es geht darum, sie mittels kognitiver Defusion zu „entschärfen".

Ihre eigene Stimme mag sich für Sie seltsam anhören, aber wenn Sie Ihre Worte von einer anderen Stimme gesprochen hören, klingt das vermutlich noch seltsamer. Wenn Sie zuhören, wie jemand anderes ausspricht, was Ihr Verstand Ihnen immer einflüstert, kann Ihnen das dabei helfen, aus der Außenperspektive zu erleben, was Ihr Verstand täglich in Ihrem Inneren mit Ihnen macht.

Kritische Worte erkennen

Wenn Sie auf bestimmte Worte oder Bemerkungen besonders hellhörig reagieren, können Sie sich darin üben, diese für Sie kritischen Worte zu erkennen. Das erhöht die Wahrscheinlichkeit, dass Sie anders auf Menschen reagieren können, die Sie sonst unsicher oder ärgerlich machen.

Übung:
Schlüsselwörter finden

Im vorhergehenden Kapitel habe ich Sie gebeten, aufzuschreiben, welche negativen Gedanken und Emotionen noch immer lebendig in Ihnen sind. Nehmen Sie Ihre Notizen noch einmal zur Hand. Auch die Liste mit Ihren Überzeugungen und Glaubenssätzen („Ich bin …") aus Kapitel 2 kann bei dieser Übung helfen, weil man oft genau auf die Worte, mit denen man sich selbst beschreibt, empfindlich reagiert. Versuchen Sie, aus diesen Aufzeichnungen einige Schlüsselwörter herauszusuchen, von denen Sie wissen, dass sie eine heftige Reaktion bei Ihnen auslösen können. Es können Worte dabei sein wie „Aussehen", „dick", „hässlich", „dumm", „ängstlich" oder „langweilig".

Wenn Sie ein Wort aus dieser Kategorie hören, kann es sein, dass Sie besonders empfindlich oder hellhörig darauf reagieren. Sie sind zum Beispiel auf einem Fest im Gespräch mit einem anderen Gast und hören, dass jemand anderes das Wort „dick" fallen lässt und denken in diesem Moment, derjenige würde Sie meinen. Ohne dass Sie den Zusammenhang gehört haben, sagt Ihnen Ihr Verstand, dass soeben Ihr eigenes negatives Urteil über Sie selbst bestätigt wurde.

Auch im direkten Gespräch kann so etwas passieren. Wenn jemand sagt, ihm wäre das „Aussehen" sehr wichtig, kann Ihr Verstand Ihnen plötzlich zu verstehen geben, dass Sie nie jemanden kennenlernen werden, weil Sie nicht attraktiv genug sind. Sobald eine allgemeine Bemerkung mit Worten fällt, auf die Sie empfindlich reagieren, nimmt Ihr Verstand die Bemerkung persönlich, indem er eine große negative Geschichte damit verbindet. Die Tatsache, dass wir allgemeine Bemerkungen persönlich nehmen können, hat mit der Vorstellung zu tun, dass in Ihrem Verstand eine Sensibilität gegenüber diesen Worten vorliegt.

Da Sie keine Kontrolle über andere Menschen ausüben können und nie wissen werden, wer wann was sagen wird, müssen Sie an Ihrer Sensibilität arbeiten. Sie können nicht erwarten, dass andere Menschen wissen, was sie zu Ihnen sagen können und was nicht. Wenn Sie versuchen würden, andere Menschen dazu zu bringen, Rücksicht auf Ihre Gefühle zu nehmen, würden Sie erleben, dass diese Menschen sich von Ihnen abwenden, weil sie meinen, dass sie es Ihnen nicht recht machen können. Andere Menschen kennen Ihre Empfindlichkeiten nicht. Sie haben ihrerseits auch einen Verstand mit wieder anderen Empfindlichkeiten. Was den einen hart treffen kann, ist für jemand anderen eine nichtssagende Bemerkung.

Arbeitsblatt:
Meine kritischen Worte

Was sind die für Sie kritischen Worte, also die Worte, auf die Sie sehr empfindlich reagieren? Oft gehören mehrere Worte zusammen. Das heißt, wenn Sie zum Beispiel empfindlich auf das Wort „dick“ reagieren, reagieren Sie vermutlich auch auf das Wort „dünn“ empfindlich. Schreiben Sie die Worte auf, auf die Ihr Verstand sehr gereizt reagieren kann:

Worte, auf die Sie sehr empfindlich reagieren:

dick – dünn
äußerlich – innerlich
hässlich – schön

Achten Sie in Alltagssituationen darauf, ob es noch mehr dieser für Sie kritischen Worte gibt, die Sie noch nicht aufgeschrieben haben. Achten Sie insbesondere darauf, wenn Sie etwas aufschnappen, auf das Ihr Verstand empfindlich reagiert.

Bei dieser Übung ist es sehr wichtig, dass Sie zwei Dinge tun:

- Nehmen Sie bewusst wahr, wenn jemand ein Wort gebraucht, das auf Ihrer Liste steht,
- und tun Sie etwas völlig anderes, bevor Sie darauf reagieren.

Wenn Sie die Liste mit den für Sie kritischen Worten genau studiert haben, werden Sie künftig bemerken, wenn diese Worte in einem Gespräch fallen. Achten Sie darauf, wenn es geschieht, und machen Sie es sich bewusst. Machen Sie in solchen Momenten etwas völlig anderes, zum Beispiel an Ihr Glas ticken, auf den Tisch klopfen oder mit den Fingern schnippen. Sorgen Sie dafür, dass Sie etwas ohne Beteiligung Ihres Verstands machen, tun Sie es also nicht gedanklich. Überlegen Sie sich ein Ritual, das die Tatsache, dass eines der für Sie kritischen Worte benutzt wurde, symbolisiert. Machen Sie das ganz bewusst und nehmen Sie sich einen Moment Zeit, um nachzuempfinden, dass hier Ihr Verstand herausgefordert wird. Reagieren Sie danach so, wie Sie wollen, versuchen Sie nicht, übertrieben freundlich oder sympathisch zu wirken. Sie müssen nichts weiter ändern, es geht nur darum, dass Sie sich bewusst machen, wie Ihr Verstand auf bestimmte Worte reagiert, und dass Sie nun immer etwas anderes tun zwischen dem Moment, in dem Sie das Wort hören, und dem Moment, in dem Sie reagieren. Probieren Sie es aus. Es funktioniert auch, wenn Sie allein sind und die Worte im Fernsehen hören und/oder sehen. Dann sind Sie außerdem viel freier, sich eine lustige Reaktion einfallen zu lassen. Ich hatte einmal eine Klientin, die wie ein Hund bellte, wenn sie allein war und eines der für sie kritischen Worte hörte oder sah. Sie können sich vorstellen, dass sie viel Spaß mit dieser Übung hatte.

Wie und wann kann ich die kognitive Defusion anwenden?

Die Übungen in diesem Kapitel haben zum Ziel, die Macht der Sprache einzudämmen. Viele Menschen wenden an dieser Stelle kritisch ein, dass in ihrem Leben nun einmal wirklich Dinge geschehen oder gesagt werden, die sie als schmerzhaft erleben. Also, auch wenn man kognitive Defusion anwendet, kann man immer noch Opfer der negativen Bemerkungen anderer Menschen werden.

Wenn jemand eine unangenehme Bemerkung macht, kann einen das schmerzhaft treffen, auch wenn man weiß, dass es nur Worte sind. Die Realität des Lebens sieht nun einmal so aus, dass wir alle unschöne Dinge erleben, die manchmal richtig wehtun. Den unmittelbaren Schmerz kann man kaum bekämpfen. Das Beste, was Sie tun können, wenn Sie merken, dass etwas Sie unmittelbar berührt und verletzt, ist, eine Haltung der Akzeptanz einzunehmen. Je mehr Sie versuchen, den Schmerz zu verdrängen, desto stärker macht er sich bemerkbar. Schmerz gehört zum Leben dazu. Ein aufgeschlagenes Knie *ist* unangenehm, und eine gemeine Bemerkung *ist* unerfreulich. Aber es passiert nun einmal, und es passiert uns allen. Das Beste, was Sie tun können, wenn Sie etwas Schmerzhaftes erleben, ist eine offene Haltung einzunehmen, die dem Schmerz *erlaubt, da zu sein.*

Wenn Ihr Verstand Ihnen nun zuruft, dass Ihnen so etwas aber viel häufiger passiert als anderen Menschen, dann sprechen Sie wahrscheinlich von dem Zustand, dass Sie unter etwas *leiden*, nicht, dass Sie *Schmerz* erfahren. Denn Schmerz wird erst dann zu einem Leiden, wenn wir die schmerzhaften Erfahrungen in Gedanken verpacken, ihnen eine Bedeutung zuerkennen und sie fortan mit uns herumtragen. Ein negatives Selbstbild ist faktisch ein Rucksack voll mit Gedanken dieser Art. Ziel der kognitiven Defusion ist es, das Gewicht dieses Rucksacks zu reduzieren.

Wenn Sie merken, dass Ihre Gedanken ein Spiel mit Ihnen spielen und die Außenwelt Sie stärker berührt, als Ihnen lieb ist, ist kognitive Defusion eine gute Möglichkeit, die Macht der Gedanken einzudämmen. Wenn Sie bereit sind, all die Gedanken loszulassen, die sich Ihnen in den Weg stellen und die Sie verletzlich für die Äußerungen anderer Menschen machen, dann sind Sie in der Lage, Ihr Selbst auf eine völlig neue Art und Weise zu erleben – ohne zu bewerten und ohne die zahlreichen Forderungen, die Ihnen Ihr Verstand tagtäglich aufdrängt.

Zusammenfassung

Wenn Sie sich von allem, was Sie über sich selbst denken, leiten lassen, lassen Sie sich vom Zufall leiten. Um das Ruder wieder selbst in die Hand zu nehmen, ist es wichtig, die Macht der Sprache einzudämmen. Gelingt das, erschaffen Sie einen Raum, in dem Sie entdecken können, was Ihre wahren Sehnsüchte sind. Üben Sie das Loslassen der Gedanken, ohne sie verdrängen zu wollen. Positionieren Sie sich Ihrem Verstand gegenüber kritisch, aber nicht feindselig.

Tipps und Übungen

Im Folgenden finden Sie einige weitere kognitive Defusionsübungen, die von verschiedenen Psychologen aus diesem Fachgebiet im Laufe der Jahre entwickelt wurden (Hayes & Smith, 2007). Wählen Sie die Übungen aus, die für Sie am besten funktionieren, und üben Sie so lange, bis „das Entschärfen" Ihrer Gedanken zur Gewohnheit geworden ist.

- *Mentale Wertschätzung*
  Danken Sie Ihrem Verstand, wenn er sich zwischendurch mit Sorgen und Meinungen meldet, und zeigen Sie Wertschätzung für seine „Produkte" (z. B.: „Du grübelst heute wieder wie ein Champion! Danke für deinen Beitrag!"). Das meine ich nicht ironisch, denn letztlich macht unsere Denkmaschine genau das, wofür sie vor Tausenden von Jahren entworfen wurde: Probleme lösen und Gefahren meiden.
- *Nur zur Kenntnis nehmen*
  Versuchen Sie, über das Denken zu sprechen, indem Sie wahrnehmen, dass ein negativer Gedanke vorhanden ist. Zum Beispiel: „Mir ist gerade aufgefallen, dass ich mich selbst bewerte."
- *Pop-up-Verstand*
  Stellen Sie sich bildlich vor, dass Ihre negativen Äußerungen so etwas wie die Pop-up-Werbeeinblendungen im Internet sind.
- *Erfahrungswerte sammeln*
  Begeben Sie sich in Situationen, die Ihnen unangenehm sind. Wenn Ihr Verstand Ihnen sagt, Sie sollten irgendetwas Schönes nicht mehr tun, danken Sie ihm für den Tipp und tun Sie es trotzdem, und zwar mit Begeisterung.
- *Einen Platz geben*
  Nennen Sie eine negative Bewertung (z. B. gemein, dumm, wütend, unsympathisch usw.), von der Sie sich lösen wollen. Schreiben Sie für dieses Wort ein Namenskärtchen, das Sie bei sich tragen, zum Beispiel in der Hosentasche. Machen Sie sich bewusst, was es für Sie bedeutet. Machen Sie die Erfahrung, wie es sich anfühlt, die negative Bewertung bei sich zu haben.
- *Mentales T-Shirt*
  Stellen Sie sich vor, dass die negativen Bewertungen, von denen Sie sich lösen wollen, in großen Buchstaben auf Ihrem T-Shirt geschrieben stehen. Wenn Sie einmal in der passenden Laune sind, schreiben Sie die Worte tatsächlich auf Ihr Shirt!

- *Tun Sie genau das Entgegengesetzte*
  Machen Sie genau das Gegenteil dessen, was Ihr Verstand Ihnen sagt. Wenn Ihr Verstand sagt, Sie dürften sich jetzt nicht ausruhen, sondern müssten in Bewegung bleiben, dann setzen Sie sich hin und sagen Sie sich, Sie sollten in Bewegung bleiben. Auf diese Weise können Sie die Erfahrung machen, dass Sie nicht immer tun müssen, was Ihr Verstand Ihnen sagt.
- *Monster im Bus*
  Stellen Sie sich vor, Sie sind der Fahrer eines Busses. Sie haben bestimmte Ziele vor Augen: Orte, zu denen Sie fahren möchten. Der Bus ist vollbesetzt, die Fahrgäste repräsentieren Ihre Gedanken. Sobald Sie losfahren, beschweren sich mehrere Fahrgäste, dass Sie in die falsche Richtung fahren. Von ihren Sitzplätzen aus rufen sie Ihnen zu, dass Sie links abbiegen sollen und nicht rechts, dass Sie zu schnell fahren usw. Einige stehen sogar von ihren Sitzplätzen auf und stellen sich drohend hinter Sie. Aber, da Sie der Fahrer sind, entscheiden Sie, und nur Sie, wohin die Reise geht. Die Frage ist also: Sind Sie bereit, die nervenden Fahrgäste auf der Fahrt zu Ihrem Ziel zu dulden? Positive und negative Gedanken und Gefühle wird es immer geben, egal wie stabil und gesund jemand ist. Ob man nun rechts oder links abbiegt, es wird sich immer ein Fahrgast zu Wort melden, der damit nicht einverstanden ist. Es ist deshalb besser, nicht auf die Fahrgäste zu hören und selbst zu entscheiden, welche Strecke die beste für Sie ist.
- *Finden Sie den Schmerz, durchschauen Sie das Leiden*
  Wenn Sie sich schlecht fühlen, suchen Sie am besten sofort nach der Ursache Ihres Schmerzes in Ihrer Umgebung. Sind Sie hingefallen? Hat jemand etwas Gemeines zu Ihnen gesagt? Wo hält sich die Person jetzt auf? Wenn Sie die unmittelbare Ursache für Ihren Schmerz nicht in Ihrer direkten Umgebung finden können (wenn die Person, um die es geht, zum Beispiel nicht da ist), ist es Ihr Verstand, der für das Leiden sorgt. Wenn die Person da ist, dann gehen Sie aus Ihrem Kopf heraus und versuchen Sie, das Problem direkt zu lösen, damit der Schmerz verschwindet.
- *Okay, Sie haben recht. Und jetzt?*
  Wenn Sie darum kämpfen, recht zu bekommen, auch wenn Sie das nicht weiterbringt, fragen Sie sich: „Wenn ich recht habe, was dann? Was kann ich wirklich tun, um ab jetzt ein wertvolleres Leben zu führen?“

- *„Aber“ sagen, gilt nicht*
  Ersetzen Sie jedes „aber“, mit dem Sie sich selbst zurückweisen, durch ein „und“. So zeigt sich, dass Gegensätze auch nebeneinander existieren können. Zum Beispiel: „Ich möchte zu diesem Fest gehen, aber ich fühle mich unsicher.“ Wenn Sie nun das Wort „und“ verwenden anstelle von „aber“, können Sie entdecken, dass Sie auch mit dem Gefühl der Unsicherheit zu dem Fest gehen können.

6 Wer bin ich?

Wenn wir von unserem „Ich“ sprechen, reden wir meist über das „Ich in unseren Gedanken“. Wir beschreiben uns selbst auf der Grundlage erlernter Konzepte. Wenn andere Menschen mir aus voller Überzeugung berichten, sie seien „spontan“, „gesellig“ oder „introvertiert“, fordere ich sie meist auf, zu sagen, wie sich das äußert. Meistens reagieren sie dann etwas irritiert: „Wie meinen Sie das? Ich bin halt so. Das muss ich doch nicht erklären, oder?“

Wenn wir uns selbst charakterisieren sollen, beschränken wir uns oft auf dasjenige, was der Verstand über uns sagt. So kann sich jemand zum Beispiel für schüchtern halten, obwohl sich das im wahren Leben gar nicht bestätigt. Wenn eine Mutter ihrem Kind nur oft genug sagt, es sei „nun einmal sehr schüchtern“, identifiziert sich das Kind mit der Zeit mit dieser Zuschreibung.

Die wichtigste Frage ist: Was kommt an die Oberfläche, wenn Sie Ihre Gedanken loslassen? Je mehr Sie sich von Ihren Gedanken über Ihr Selbst lösen, desto stärker drängt sich Ihnen die folgende Frage auf: Wer bin ich denn wirklich, wenn ich einmal über all die zufälligen Erfahrungen, die meinen Verstand geformt haben, hinausschaue? Möglicherweise ist Ihr „wahres Wesen“ völlig anders, als Sie immer dachten ...

Was würden Sie tun, wenn ...

Um eine Vorstellung von Ihrem „wahren Wesen“ zu bekommen, müssen Sie alles, was Ihr Verstand über Sie sagt, hinter sich lassen. Es ist wichtig, dass Sie anfangen, über die folgende Frage nachzudenken: Wenn ich all diese Gedanken und Gefühle über mich selbst nicht hätte, was würde ich dann jetzt in diesem Moment am liebsten *tun?* Angenommen, es gäbe keinerlei Beschränkungen, nichts, was Ihnen im Weg steht: Was würden Sie tun, wenn Sie keine Rücksicht auf Ihre Ängste nehmen müssten oder auf die Menschen in Ihrer Umgebung?

Nehmen Sie es wahr, wenn Ihr Verstand versucht, Ihre Vorstellungen zu begrenzen. Achten Sie auf das Wörtchen „aber“: „Ja, ich würde schon gern mehr aus mir herausgehen, aber ich denke, dass ich das gar nicht schaffe.“ Meistens versucht der Verstand, sofort mit Regeln zu reagieren. Wenn Sie sich ganz frei auf die Suche nach Ihrem „wahren Wesen“ machen, wird Ihrem Verstand das nicht gefallen.

> Ich habe mir jahrelang eingeredet, schüchtern, zurückgezogen und introvertiert zu sein. Zufällige Erfahrungen haben zu diesem Selbstbild geführt, das jahrelang mein Verhalten zu großen Teilen bestimmte. Ich vermied es, Orte mit vielen Menschen aufzusuchen, ich schloss mich oft in meinem Zimmer ein und wich aus, wenn es darum ging, vor Publikum zu sprechen. Mein Verstand hat dieses Bild aufrechterhalten, indem er mir immer wieder zugerufen hat, „dass ich nun mal so sei.“ Ich bin also nicht der Typ, der immer in vorderster Reihe stehen muss, das heißt, ich musste akzeptieren, dass ich bestimmte Dinge wahrscheinlich nie erreichen würde.
>
> Als ich mit der Akzeptanz- und Commitment-Therapie (ACT) in Berührung kam und mit den Übungen arbeitete, merkte ich, dass sich etwas veränderte. Ich fing an, an mir selbst zu zweifeln und an allem, was ich über mich sagte. Bin ich wirklich so schüchtern, oder habe ich mir die Schüchternheit auferlegen lassen? Wo würde ich heute stehen, wenn ich in der Vergangenheit nicht so über mich gedacht hätte?
>
> Mit der Zeit entdeckte ich, dass sich hinter diesen Gedanken ein Mensch verbarg, der sehr wohl mehr sein wollte, als er war. Ich schien einen starken Drang zu besitzen, genau die Dinge zu tun, von denen mein Verstand mir immer abgeraten hatte.

Wir Menschen denken oft in Schubladen. Auch Psychologen tun das. Wir versuchen, ein Bild von einem Menschen zu entwerfen, damit wir sein Verhalten vorhersagen können. Ihr Verstand hat aufgrund Ihrer bisherigen Erfahrungen ein bestimmtes Selbstbild von Ihnen kreiert. Daraus leitet Ihr Verstand nun ab, in welche Richtung Sie sich am besten bewegen sollten. Und vor allem: was Sie besser lassen oder meiden sollten. Ihr Verstand versucht vor allem, Angstmomente und Gefahren abzuwenden.

Wenn Sie früher gehänselt wurden, kreiert Ihr Verstand ein negatives Selbstbild. Die Folge ist, dass Sie der Konfrontation mit Menschen und schwierigen Situationen aus dem Weg gehen, damit Sie solche schmerzhaften Erfahrungen nicht erneut machen müssen.

Das Problem ist, dass der Verstand zufällige Erfahrungen als Maßstab dafür nimmt, wer Sie sind. Einmal angenommen, Sie könnten entdecken, wer Sie – unabhängig von diesen Zufälligkeiten – in Ihrem Innersten sein wollen. Wir alle haben nämlich einen inneren Kern von Dingen, die wir wahnsinnig gern tun würden, wenn unser Verstand das zulassen würde. Würden Sie gern wissen, welche Dinge das sein könnten? Lesen Sie weiter!

Eigentlich ...

An unsere wahren Wünsche und Sehnsüchte kommen wir oft gar nicht heran, weil der Verstand den Weg versperrt und/oder weil die Außenwelt versucht, uns gewisse Fesseln anzulegen. Sie können sich selbst dabei „ertappen", wie Sie Momente erleben, in denen Ihr wahres Wesen an die Oberfläche gelangt. Versuchen Sie, auf Momente zu achten, in denen Sie das Wort „eigentlich" verwenden. Das geschieht meist dann, wenn Sie sich einmal von den Diskussionen in Ihrem Kopf lösen und auch von Ihrem Perfektionismus und den Argumenten anderer.

Ihr wahres Wesen ist also etwas anderes als die Gesamtheit der Regeln und Forderungen, die Ihr Verstand Ihnen auferlegt. Wo Ihr Verstand sich durch Forderungen leiten lässt, ist Ihr wahres Wesen die Gesamtheit der Dinge, die Sie eigentlich gern tun würden.

Bei mir war es so, dass ich nachts darüber fantasierte, wie es wohl wäre, vor größeren Gruppen von Menschen aufzutreten, und wie es wäre, ein Buch zu schreiben. *Eigentlich* erschien mir das ganz toll. Und wenn meine Angst, mich zu blamieren oder zurückgewiesen zu werden, nicht so groß gewesen wäre, hätte ich diese Dinge vielleicht sogar getan.

Einer meiner Klienten, der an einer Hautkrankheit litt, dachte sehr negativ über sich selbst und vermied es deshalb, an den Strand zu gehen. Als wir bei der Therapie seine Gedanken aus der Ferne betrachteten, sagte er: „Das Wetter ist eigentlich viel zu schön, um im Haus zu bleiben." Ich fragte ihn, was er jetzt eigentlich gern tun würde. „Na ja, eigentlich hätte ich Lust, mit meiner Frau am Strand zu sein.“ Daraufhin fragte ich ihn, was sein Verstand dazu sagen würde, wenn er das jetzt tun würde. „Mein Verstand sagt mir, dass ich eine hässliche Haut habe und die Leute mich anstarren werden. Dass meine Frau mich angewidert ansehen wird und meine Kinder in der Schule wegen mir gemobbt werden. Und außerdem kann ich Ihnen das auch nicht antun.“

An diesem Beispiel kann man gut sehen, wie ein Wunsch (zum Strand zu gehen) vom Verstand langsam, aber sicher zum Schweigen gebracht wird. Es gibt etwas, das man gerne tun würde, und schon beginnt der Verstand, sich dagegen aufzulehnen. Innerhalb kürzester Zeit hat er die Kontrolle über das eigene Tun zurückgewonnen. Schauen Sie sich die letzte Antwort meines Klienten an. Anfangs sagte er noch „mein Verstand sagt ...“, am Ende sagt er wieder „ich“. Ganz kurz zeigte sich sein wahres Wesen, um danach unter einem Berg von Gedanken und Gefühlen des Widerstands verschüttet zu werden.

Ich bin, was ich eigentlich tun möchte

Worum geht es in unserem Leben? Was macht ein Menschenleben reich und wertvoll? Wenn Menschen auf ihr Leben zurückblicken, sagen sie oft, dass es Erfahrungen waren, die ihr Leben wertvoll gemacht haben. Studien über das menschliche Glück weisen darauf hin, dass die Suche nach unmittelbaren Erfahrungen im Hier und Jetzt – das Erleben von Präsenz im aktuellen Moment – zu einem Gefühl der Zufriedenheit und des Glücks führt, sogar dann, wenn diese Erfahrungen an sich nicht nur angenehm sind (das ist wichtig!). Menschen, die dazu neigen, ihre Aufmerksamkeit auf negative Ereignisse in der Vergangenheit oder der Zukunft zu richten, anstatt sich den Möglichkeiten und Erfordernissen des Augenblicks zuzuwenden, erleben dieses Gefühl der Befriedigung hingegen nicht.

In dieser Phase ist es vielleicht noch schwierig, dies völlig losgelöst vom Verstand zu sehen. Auffällig ist aber, dass wir oft dann am glücklichsten sind, wenn der Verstand am wenigsten zu melden hat. Es sind die Momente, in denen wir tun, was wir eigentlich so gern tun würden: Momente, die letztlich dafür sorgen, dass unser Leben lebenswert ist. Lassen Sie uns – nach allem, was wir bisher besprochen haben – gemeinsam einen Blick auf das folgende Modell werfen. Das Selbst ist in diesem Modell in drei Schichten unterteilt:

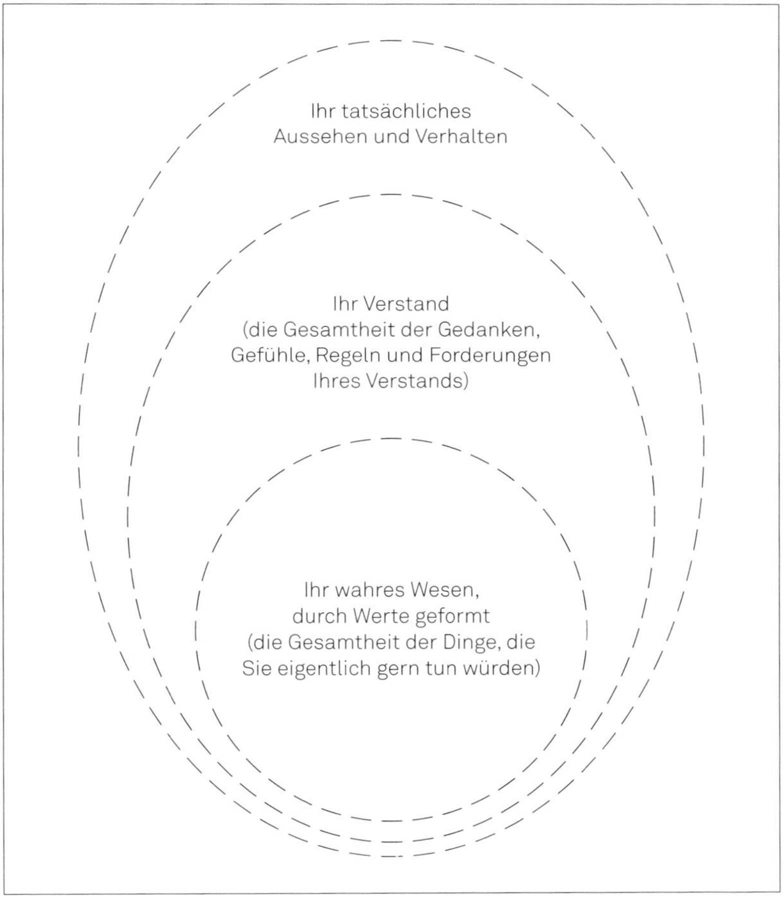

Abbildung 3: Das Selbst: eine bildliche Darstellung

Versuchen Sie, alles, was Sie bisher an Selbsterkundung betrieben haben, in dieses Modell einzuordnen. Ihr tatsächliches Aussehen und Verhalten sind Bestandteil Ihrer Wirklichkeit, egal, was Ihr Verstand dazu sagen mag. Das gilt auch für die Gesamtheit der Dinge, die Sie tun, und der Dinge, die Sie vermeiden, wie zum Beispiel das Schwimmbad, bestimmte Feste oder Menschen, die Sie möglicherweise verletzen könnten.

Die Liste mit Ihren Überzeugungen und Glaubenssätzen („Ich bin ...") ist dem Verstand zuzuordnen, weil es sich dabei um Gedanken handelt. Alles, was Ihr Verstand Ihnen einflüstert, gehört zu dieser Ebene.

Ihr wahres Wesen ist die Gesamtheit der Dinge, die Sie eigentlich gern tun würden. Die drei Ebenen des Selbst sind im normalen Leben nicht voneinander getrennt, deshalb die gestrichelten (durchlässigen) Linien. Der Verstand funktioniert dabei wie eine Art Torwächter: Bevor Sie etwas tun können, was Sie gern tun würden, müssen Sie seine Erlaubnis einholen. Das führt meistens dazu, dass Sie die Dinge schließlich entweder nur halbherzig oder gar nicht tun. Wir nehmen die Argumente unseres Verstands ernst und entscheiden uns meist dafür, dem Verstand auf halbem Weg entgegenzukommen.

> Bevor ich einen Vortrag halte, muss ich erst an Harry vorbei, der mir dann meist sagt, ich soll nicht aufgeregt sein, mich vor der Kritik anderer Menschen in Acht nehmen und, falls es sich nicht gut anfühlt, soll ich es besser sein lassen.

Die Bereitschaft, Ihren Gedanken und Gefühlen mit Achtsamkeit und Mitgefühl zu begegnen

Auch wenn Sie mithilfe der kognitiven Defusion lernen, die kritischen Gedanken weniger ernst zu nehmen und weniger schwer wiegen zu lassen, werden diese Gedanken trotzdem immer noch da sein. Leider ist es so, dass wir unseren Verstand nicht ausschalten können. Je mehr wir versuchen, Gedanken oder Gefühle zu verändern oder zu unterdrücken, desto mehr werden wir (wahrscheinlich) unter diesen Gedanken und Gefühlen leiden.

Da Sie gerade erst angefangen haben, diesen Weg zu gehen, müssen Sie sich vielleicht noch an die Vorstellung gewöhnen, dass Ihr wahres Wesen völlig anders aussehen könnte, als Sie bisher dachten. Dazu gehören auch Gedanken und Gefühle des Zweifels an sich selbst. Ihr Verstand wird versuchen, Ihnen vorzugaukeln, dass seine Gedanken Ihr wahres Wesen repräsentieren. Es ist wichtig, dass Sie sich weiterhin darin üben, den Unterschied zu sehen. Alles, was Sie denken, ist das Produkt zufälliger Erfahrungen. Wie kann es Ihnen jetzt gelingen, nicht gegen diese Gedanken anzukämpfen, *während* Sie dabei sind, Ihr wahres Wesen zu erkunden?

Die innere *Bereitschaft* kann Ihnen dabei helfen. Bereitschaft ist eine sehr aktive Form des Umgangs mit Gedanken. Dabei geht es darum, dass Sie versuchen, Ihre Gedanken aktiv zu „umarmen“. Stellen Sie sich als Bild einen Rucksack vor, den Sie nicht auf dem Rücken tragen, sondern vor Ihrer Brust. Bisher haben Sie versucht, vor Ihren Gedanken wegzulaufen, indem Sie den Rucksack auf dem Rücken trugen und ihn nicht angeschaut haben. Wenn Sie bereit sind, Ihre Gedanken mit auf den Weg zu nehmen, dann tragen Sie den Rucksack vor der Brust. Sie sind sich im Klaren darüber, was der Verstand so alles an Informationen gesammelt hat, aber Sie laufen nicht mehr davor weg. Stärker noch: Sie „umarmen“ den Rucksack. Wenn Sie das tun, können Sie genau sehen, was sich alles im Rucksack befindet.

Wenn Sie bereit sind, sich Gedanken auf diese Weise zu nähern, hat das viele Vorteile:

1. Sie können sehen, welche Gedanken am meisten Gewicht haben. Mithilfe der kognitiven Defusion können Sie das Gewicht verringern.
2. Sie können sich mit der Vorstellung konfrontieren, dass alles, was Sie denken, aus diesem Rucksack kommt, den Sie vorher gar nicht sehen konnten. Sie haben zwar eine schwere Last auf Ihrem Rücken gespürt, haben aber gedacht, das läge daran, dass etwas mit Ihnen nicht in Ordnung sei. Wenn Sie den Rucksack nun vor dem Körper tragen, können Sie sehen, dass die schwere Last vom Rucksack stammt und nicht von Ihnen selbst.
3. Den Rucksack vor dem Körper zu tragen, ermöglicht Ihnen, die Arme um den Rucksack zu legen. Wenn Sie dazu bereit sind, wird es oft leichter, mit dem Gewicht zurechtzukommen.

Viele Menschen gehen schief, weil sie versuchen, den Rucksack abzuwerfen. Sie hoffen, dass der Rucksack von ihren Schultern gleiten wird, wenn es ihnen gelingt, positiv zu denken, Gedanken und Gefühle auszuschalten, oder wenn sie aufhören zu gehen. Das Problem ist, dass wir unseren Rucksack nie ganz loswerden. Wir können die Erfahrungen aus der Vergangenheit nicht leugnen, denn sobald etwas oder jemand uns an diese Erfahrungen erinnert, geht der Rucksack wieder auf. Und auch wenn der Rucksack nur zu einem Teil etwas darüber aussagt, wer wir wirklich sind, brauchen wir ihn trotzdem. Gerade jetzt steckt zum Beispiel dieses Buch in Ihrem Rucksack. Die Frage ist, ob Sie bereit sind, alle Informationen, die Sie in Ihrem Rucksack gesammelt haben, bewusst mitzunehmen, *während* Sie anfangen, zu den Orten zu gehen, die Sie eigentlich so gern sehen würden.

Akzeptanz

Die Bereitschaft, Ihren Gedanken und Gefühlen mit Achtsamkeit und Mitgefühl zu begegnen, hängt eng mit dem Konzept der Akzeptanz zusammen. Bereitschaft ist der erste, große Schritt, bei dem wir uns – um im Bild mit dem Rucksack zu bleiben – in die Lage bringen, unsere Arme einzusetzen. Akzeptanz ist der zweite Schritt, bei dem wir aktiv „umarmen", was wir nicht denken und fühlen wollen.

Auch hierbei ist es sehr wichtig, sich bewusst zu machen, dass Akzeptanz nicht dasselbe ist wie positives Denken. Akzeptanz meint vielmehr, bereit zu sein, negative Gedanken über sich selbst zuzulassen. Anstelle der Vorstellung, dass Sie Dinge denken und fühlen bzw. nicht denken und fühlen *sollen,* ist Akzeptanz eine Haltung, bei der Sie alles denken und fühlen *dürfen.*

Das bedeutet, Sie dürfen sich dick, hässlich und dumm finden, Sie dürfen Angst und Trauer spüren, Verlorenheit und Verwirrung. Die Situation ist, wie sie ist, Sie müssen nicht perfekt sein. Und da Sie das nicht müssen, müssen Sie sich auch nicht mit positiven Gedanken belügen. Sie müssen nicht denken, dass Sie schön sind, wenn Ihr Verstand Ihnen zuruft, dass Sie es nicht sind. Sie dürfen schlichtweg empfinden, was Sie gerade eben empfinden.

Wenn Sie vor diesen Gedanken und Gefühlen weglaufen, fühlt sich das im ersten Moment vielleicht wie eine Erleichterung an. Der Rucksack kommt wieder auf den Rücken und somit aus Ihrem Blickfeld. Anfangs fühlt er sich auf dem Rücken auch nicht wie eine schwere Last an. Mit der Zeit allerdings wird sich der Rucksack wieder genauso schwer anfühlen wie am Anfang. Wenn Sie einmal wissen, dass Sie Gedanken und Gefühle nicht vermeiden können, warum sollten Sie dann weiter versuchen, ihnen aus dem Weg zu gehen?

Raum schaffen für sich selbst

In unserer heutigen Gesellschaft werden wir mit hohen Anforderungen konfrontiert. Zeit und Energie werden vielfach beansprucht. Die meisten von uns haben einen stressigen Job, eine Beziehung, Kinder, Familie, Freunde, Hobbys usw. Viele Menschen haben deshalb das Gefühl, sich im Hamsterrad zu befinden bzw. durch die Umstände „gelebt zu werden" und nicht mehr zu sich selbst zu kommen. Sie hetzen von einer Verpflichtung zur nächsten und merken, dass sie das kaum noch stemmen können. Unsere Welt ist voller Informationen und Möglichkeiten. Wir bekommen heute so viele Informationen an einem Tag wie die Menschen vor hundert Jahren in ihrem ganzen Leben. Das heißt, dass wir eine Auswahl treffen müssen, wenn wir nicht von all diesen Informationen überflutet werden wollen.

Übung:
Sich einmal bewusst langweilen

Oft sind es die Momente, in denen wir uns langweilen, die uns Hinweise geben, wer wir wirklich sind. In diesen Momenten werden wir auch nicht vom Fernsehen, den Kindern, dem Partner oder der Partnerin, der Arbeit usw. abgelenkt. Häufig fühlen wir uns in solchen Momenten gar nicht so wohl, und wir fragen uns, wofür wir das Ganze eigentlich tun. Da wir so viele Möglichkeiten haben, uns diesem Gefühl schnell wieder zu entziehen, tun wir das auch. Wir telefonieren mit jemandem oder schalten den Fernseher ein. Was würde passieren, wenn wir das nicht täten? Wenn Sie das Gefühl der Langeweile einfach hinnehmen, anstatt dagegen anzukämpfen, und darauf achten, was Ihr Verstand Ihnen sagt, könnte es sein, dass mit der Zeit Werte auftauchen. Diese Werte sind Sehnsüchte und Bedürfnisse, die Ihnen eine Menge Informationen darüber geben können, wer Sie gerne sein möchten. Weil wir diesen Momenten normalerweise keine Aufmerksamkeit schenken, fühlen wir uns dabei nicht unbedingt wohl. Ihr Verstand wird Ihnen sagen, was Sie noch alles zu tun hätten, dass die Menschen in Ihrer Umgebung diese Aktion nicht schätzen werden oder dass es schlicht Unsinn ist, bewusst nichts zu tun. Akzeptieren Sie diese Gedanken und Gefühle und nehmen Sie sich vor, sich mindestens eine halbe Stunde lang absichtlich zu langweilen, ohne bewusst danach zu suchen, was Sie eigentlich wollen. Begeben Sie sich an einen ruhigen Ort, an dem Sie nicht abgelenkt werden können. Seien Sie in dem Moment einfach nur still und nutzlos und schreiben Sie alles auf, was Ihnen in den Sinn kommt. Ohne zu urteilen, ohne etwas tun zu müssen.

Diese Übung funktioniert am besten, wenn Sie in der Lage sind, Ihre Gedanken und Gefühle zu beobachten, anstatt sich von ihnen mitreißen zu lassen. Im nächsten Kapitel werde ich näher darauf eingehen.

Dieses Buch hilft Ihnen nicht viel weiter, wenn Sie keine Zeit und keinen Raum für Selbsterkundung schaffen. Wie können Sie wissen, wer Sie sind, wenn Sie nach den Regeln Ihres Verstands und der Außenwelt leben?

Es ist jetzt wichtig, dass Sie damit anfangen, diesen Raum zu schaffen. Die meisten Menschen wissen sehr genau, was sie eigentlich wollen, schenken diesen Wünschen aber keine Aufmerksamkeit. Das liegt daran, dass die Ansprüche und Forderungen des Verstands und der Außenwelt zu hoch und so streng sind, dass kein Raum für eigene Wünsche bleibt. Wäre die Situation in einem Tortendiagramm dargestellt, könnten Sie sehen, dass Ihre gesamte Aufmerksamkeit auf die Erwartungen Ihres Verstands und anderer Menschen gerichtet ist:

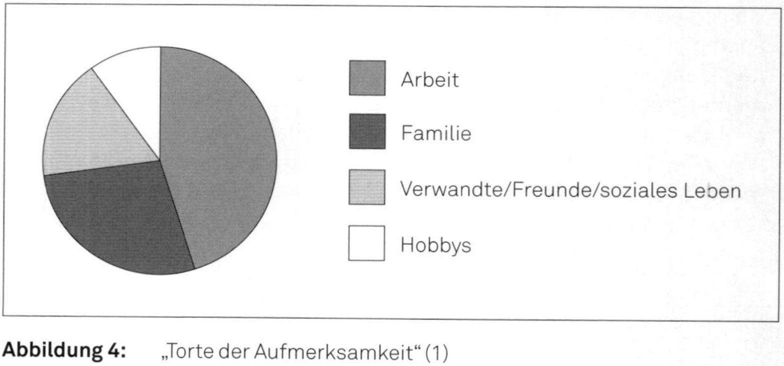

Abbildung 4: „Torte der Aufmerksamkeit" (1)

Das ist ungefähr die Verteilung, wie sie von vielen meiner Klientinnen und Klienten berichtet wird. Inwieweit trifft dieses Beispiel auch auf Sie zu? Erstellen Sie Ihre eigene Torte! Je größer ein Tortenstück ist, umso mehr Aufmerksamkeit beansprucht der Bereich, den es repräsentiert, in Ihrem Leben. Die ganze Torte stellt die Gesamtmenge an Aufmerksamkeit dar, die Sie zur Verfügung haben.

Selbstverständlich werden Sie auch Anteile von sich selbst in Ihrer Arbeit, Ihrer Familie, Ihrem Sozialleben und Ihren Hobbys wiederfinden. Und natürlich gibt es in diesen Bereichen auch Dinge, die Sie wirklich sehr gerne tun. Worum es mir geht, ist, dass Sie vermutlich keinen festen Raum für sich selbst reserviert haben. Mit Raum meine ich ganz konkret Zeit und Aufmerksamkeit: Zeit, in der Sie sich von den Dingen, die Ihnen Ihr Verstand und die Außenwelt auferlegt haben, entfernen. Das ist Ihr eigenes Stückchen Leben, hier beschäftigen Sie sich mit den Dingen, die Sie gern verändern würden, und den Dingen, die Sie eigentlich gern tun würden. Nicht weil Ihr Verstand oder andere Menschen das von Ihnen wollen, sondern weil *Sie* es wollen.

Wenn Sie dazu bereit sind, diese Idee umzusetzen, dann erhalten Sie die folgende Torte:

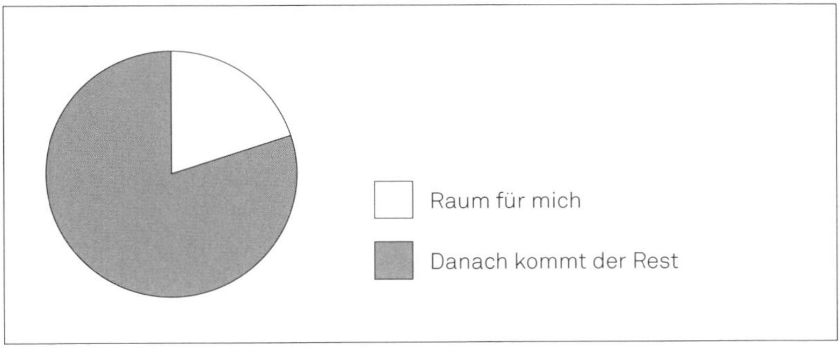

Abbildung 5: „Torte der Aufmerksamkeit" (2)

Viele Probleme, mit denen wir Menschen zu tun bekommen, sind rein praktischer Natur. Wir haben einfach nicht genug Zeit, um alle Erwartungen, die an uns gestellt werden, zu erfüllen, und so müssen wir aktiv eingreifen und Raum für uns selbst schaffen. Unter den gegebenen Umständen ist es meistens notwendig, dass wir systematisch Zeit und Aufmerksamkeit für uns selbst frei machen und in unseren Alltag integrieren.

Wenn wir eine solche Torte aufzeichnen, gibt es darin oft keinen Platz für Selbsterkundung, Langeweile oder Stille. Meistens ist die Torte schon voll, bevor wir alle Wünsche oder Anforderungen erfüllt haben. Die Folge ist Überlastung. Weil wir immer wieder merken, dass nicht genug Torte bleibt, um alles unterzubringen, was wir tun müssen, schenken wir all den Dingen grundsätzlich mehr Aufmerksamkeit, als wir es eigentlich wollen.

> Was würde passieren, wenn auf einmal ein Teil der verpflichtenden Aktivitäten im Leben wegfallen würde? Eine Freundin von mir, die als Krankenschwester tätig ist, versorgt mit viel Hingabe terminale Krebspatienten. Als sie einmal für ein Wochenende zu Besuch kam, nahm ich mir vor, sie so richtig zu verwöhnen, weil ich der Meinung war, sie hätte das wirklich verdient. Bemerkenswert war, dass sie sich zunächst unwohl dabei fühlte. Auf einmal hatte sie so viel Raum für sich selbst, musste nichts tun, und zur Abwechslung war einmal jemand da, der sich um sie kümmerte. Sie brauchte einen Tag, bis sie es schaffte, den neu gewonnenen Raum zu genießen.

Wenn Sie systematisch mehr Raum für sich selbst (und damit meine ich auch Ihre Ängste, Ihre Zweifel, Ihre trübsinnigen Gedanken) kreieren, werden Sie besser in der Lage sein, aus dieser klaren Perspektive heraus Pläne zu entwickeln. Damit meine ich, dass Sie nur aus den Dingen tiefe Befriedigung ziehen werden, hinter denen Sie selbst in vollem Umfang stehen. Das sind Ihre Werte, die oft im Gespräch mit dem Wort „eigentlich" eingeleitet werden. Wenn Sie Raum schaffen, um zu untersuchen, was Sie eigentlich wollen, wird Ihr Handeln viel mehr Bezug zu Ihnen selbst haben.

Wenn Sie diese Vorstellung in die Praxis umsetzen wollen, ist es wichtig, dass Sie damit *beginnen,* Ihren eigenen Raum in der Torte abzugrenzen, noch *bevor* die anderen Aspekte Ihres Lebens an die Reihe kommen. Auf diese Weise können Sie verhindern, dass Ihr Anteil vom Selbst durch die Forderungen Ihres Verstands und der Außenwelt in die Enge getrieben wird.

Die Entscheidung für ein eigenes Leben

Vielleicht sind Sie gerade am Abwägen, wie Sie diese Vorstellung in Ihrem Leben verwirklichen können, ohne Ihrer Umgebung etwas wegzunehmen. Es klingt schön, sich selbst Raum zu reservieren, aber was müssen Sie dafür ab- oder aufgeben? Sie werden zweifelsohne mit Menschen zu tun bekommen, die sich beschweren, wenn Sie nun systematisch Zeit und Aufmerksamkeit für sich selbst reservieren. Ganz zu schweigen von den Forderungen, die Ihr Verstand Ihnen auferlegen wird. Wie können Sie das also tun, ohne jemanden zu verletzen oder Abstriche bei der Arbeit oder Ihrem sozialen Leben machen zu müssen?

Unser Verstand sagt uns mit all seinen Forderungen, dass wir immer für alle und jeden da sein müssen. Dies macht es unmöglich, Kompromisse einzugehen. Regeln werden zu Gesetzen und müssen strikt eingehalten werden. Erkennen Sie sich in den folgenden Gedanken wieder?

- Wenn ich anfange, einen Abend in der Woche für mich selbst einzuplanen, dann kann ich mich nicht mehr um meine Kinder kümmern. Das kann ich nicht machen, ich sehe sie ja tagsüber schon so wenig.
- Meinem Partner wird das nicht gefallen. Er wird zwar sagen, dass es für ihn in Ordnung ist, aber ich weiß genau, dass das nicht stimmt.
- Ich möchte mir schon gern Zeit nehmen, aber was, wenn ich diese Zeit einfach nicht habe? Ich wüsste wirklich nicht, wo ich die Zeit hernehmen soll. Ich habe nun einmal eine Menge Verpflichtungen, die ich nicht einfach abschütteln kann.
- Es gelingt mir ja doch nicht, das durchzuhalten. Ich habe momentan viel zu viel um die Ohren. Aber ich werde den Gedanken im Kopf behalten, und wenn es mal ruhiger wird, komme ich darauf zurück.

Sehen Sie, was Ihr Verstand schon im Vorfeld versucht zu tun? Schon lange, bevor Sie auch nur versuchen, diesen Gedanken umzusetzen, sagt Ihnen der Verstand sofort, dass dies eine unmögliche Aufgabe sei. Achten Sie auch darauf, wie der Verstand zu wissen glaubt, was andere von Ihrem Plan halten werden. Der zweite Gedanke in der Aufzählung oben ist sehr bezeichnend für die Art und Weise, wie wir unsere eigene Wahrheit erschaffen. Auch wenn Ihr Gesprächspartner Ihnen sagen würde, er fände es prima, was Sie tun, werden Sie trotzdem davon überzeugt sein, dass das nicht stimmt. Ihr Verstand sagt Ihnen im Grunde genommen, dass die andere Person Sie anlügt. Alles, was der Verstand selbst nicht glaubt, ist seiner Meinung nach eine Lüge. Erkennen Sie, wie Ihr Verstand versucht, Sie zu manipulieren?

Raum für sich selbst zu schaffen bedeutet, seine eigenen Interessen zu vertreten. Das heißt, Sie werden die Kommentare Ihres Verstands und die Kommentare anderer Menschen in Kauf nehmen. Sie sind die wichtigste Person in Ihrem Leben. Die Zeit ist reif für die Entscheidung, eigenen Raum zu beanspruchen, auch wenn das bedeutet, sich schuldig zu fühlen und andere vielleicht zu vernachlässigen. Wenn Sie sich selbst entdecken wollen, werden sich in Ihrem Leben einige Dinge grundsätzlich ändern müssen. Sie haben sich im Laufe der Zeit eine Umgebung geschaffen, die Ihre heutigen Probleme mit aufrechterhält. Wenn Sie mehr Raum für sich selbst wollen, werden Sie bereit sein müssen, in anderen Bereichen kürzerzutreten.

Machen Sie sich Sorgen, dass andere Menschen zu kurz kommen könnten, wenn Sie mehr Raum für sich selbst beanspruchen? Ohne diese Diskussion anstoßen zu wollen (denn es ist in diesem Fall wieder Ihr Verstand, der Ihnen sagt, Sie müssten immer für die anderen da sein): Wie können Sie sich gut um andere kümmern, wenn Sie sich nicht zuerst um sich selbst kümmern? Je mehr Raum Sie sich nehmen, umso besser wird es Ihnen möglich sein, anderen Menschen Aufmerksamkeit und Liebe entgegenzubringen.

Eigentlich würde ich gern öfter …

Ihr eigenes Wesen bekommt Kontur, wenn Sie sich auf die Suche nach neuen Erfahrungen begeben. Wenn Sie dazu bereit sind, gemeinsam mit Ihren negativen Gedanken, Gefühlen und Umständen auf die Suche nach dem zu gehen, was Sie eigentlich wollen, werden Sie merken, dass sich etwas verändert. Jede Erfahrung, die aufgreift, was Sie eigentlich tun wollen, wird Ihnen das Gefühl geben, dass Sie nun dabei sind, Ihrem wahren Wesen Kontur zu geben. In solchen Momenten merken die Menschen oft, wie ihr Selbstvertrauen wächst. Das Gefühl, „nah bei sich zu sein“, klingt spirituell und vage, ist aber leicht zu erklären. Wenn wir tun, was wir eigentlich tun wollen, kreieren wir Erfahrungen, die die Existenz unseres wahren Wesens bestätigen. Wenn Sie umsetzen, was Ihr Herz Ihnen schon die ganze Zeit zugeflüstert hat, wird Ihr Herz Ihnen laut und klar sagen, dass das, was Sie tun, stimmig ist.

Also lautet die Aufgabe jetzt, Erfahrungen zu sammeln, die Ihr wahres Wesen bestätigen. Das wahre Wesen besteht, wie bereits gesagt, aus *Werten*. Versuchen Sie zu hören, was Sie eigentlich wollen, ohne auf die Bedingungen, die der Verstand stellt, zu achten. Wenn es keine Hindernisse gäbe, würden Sie eigentlich gern ...? Kreuzen Sie bei den folgenden Optionen an, was auf Sie zutrifft:

Arbeitsblatt:
Wenn es keine Hindernisse gäbe, würde ich eigentlich gern ...

... öfter allein sein.	Ja/Nein
... öfter unter Menschen sein.	Ja/Nein
... mehr lesen.	Ja/Nein
... mehr Sport machen.	Ja/Nein
... öfter tanzen gehen.	Ja/Nein
... weniger arbeiten.	Ja/Nein
... allein verreisen.	Ja/Nein
... mich gesünder ernähren.	Ja/Nein
... ohne Alkohol, Nikotin, Drogen oder Antidepressiva auskommen.	Ja/Nein
... öfter ins Kino gehen.	Ja/Nein
... öfter ein Konzert besuchen.	Ja/Nein
... mehr malen.	Ja/Nein
... umziehen.	Ja/Nein
... mehr Zeit mit meinen Kindern verbringen.	Ja/Nein
... eine bestimmte Ausbildung machen.	Ja/Nein
... einen anderen Job haben.	Ja/Nein
... die eine oder andere Veränderung an meinem Äußeren vornehmen.	Ja/Nein
... ein bestimmtes Hobby ausüben.	Ja/Nein
... mehr im Vordergrund stehen.	Ja/Nein

... mich häufiger verabreden/aktiver auf die Suche nach einem Partner oder einer Partnerin gehen.	Ja/Nein
... öfter auf Partys gehen.	Ja/Nein
... Haustiere halten.	Ja/Nein
... neue Kleidung für mich anschaffen.	Ja/Nein
... öfter mit meinem Partner oder meiner Partnerin allein sein.	Ja/Nein
... öfter in der Natur sein.	Ja/Nein
... öfter übers Wochenende wegfahren.	Ja/Nein
... mehr Ruhe und Stille in mein Leben bringen.	Ja/Nein
... mich öfter mit bestimmten Freunden treffen.	Ja/Nein
... mich mehr mit Glauben/Spiritualität beschäftigen.	Ja/Nein
... mich dem Nichtstun hingeben.	Ja/Nein
... öfter Musik hören.	Ja/Nein
... öfter Musik machen.	Ja/Nein
... ein (anderes) Musikinstrument spielen lernen.	Ja/Nein
... neue Freundschaften schließen.	Ja/Nein
... die Beziehung zu meiner Familie stärken.	Ja/Nein
... weniger Kontakt zur Familie haben.	Ja/Nein
... öfter (ein bestimmtes Gericht) essen.	Ja/Nein
... ein erfüllteres Sexualleben haben.	Ja/Nein
... mein Haus/meine Wohnung völlig anders einrichten.	Ja/Nein
... einen ausgewogeneren Tag-Nacht-Rhythmus leben.	Ja/Nein
... besser und/oder länger schlafen können.	Ja/Nein
... öfter was Leckeres kochen.	Ja/Nein
... etwas für mich selbst kaufen.	Ja/Nein
... mich mit einer Massage oder einem Tag in der Sauna verwöhnen.	Ja/Nein
... mit dem Fahrrad zur Arbeit fahren statt mit dem Auto.	Ja/Nein

Was würden Sie sonst noch gern tun, was in dieser Aufzählung nicht vorkommt:

____

____

____

____

____

____

In dieser Aufzählung finden Sie Aktivitäten, die viele Menschen ansprechen. Vervollständigen Sie die Liste mit Dingen, die für Sie persönlich zutreffen, aber noch nicht genannt sind. Widersprüchliche Aussagen schließen sich dabei nicht aus. Es ist durchaus denkbar, dass Sie sowohl gern öfter allein wären als auch unter Menschen. Diese beiden Wahrheiten können gut nebeneinander existieren. Versuchen Sie, die Dinge, die Sie gern tun würden, so konkret wie möglich zu benennen, ohne dabei Gefühle zu beschreiben, die Sie gern öfter erleben würden, wie mehr Selbstvertrauen zu haben oder sich weniger oft einsam zu fühlen. Beschränken Sie sich bitte auf konkrete Erfahrungen.

Ich bin fest davon überzeugt, dass Sie mit dieser Liste den ersten großen Trumpf für die Entdeckungsreise zu Ihrem wahren Wesen in der Hand halten.

Nur Erfahrungen führen zu grundsätzlich neuen Gefühlen

Wenn Sie versuchen würden, Ihr Selbstvertrauen zu steigern, indem Sie nur aus Ihrem Verstand heraus handeln, hätte das viele Nachteile:

1. Es würde zu vielen Grübeleien führen. Ihr Verstand würde so lange mit Ihnen verhandeln, bis Sie schließlich durch alle Kritik, die er gegen Ihre Vorschläge einwendet, mutlos werden.

2. Sie müssten eine kämpferische Haltung einnehmen, die ausstrahlt, dass Sie sich nicht ohne Weiteres in die Enge treiben lassen, dass Sie es verdienen, glücklich zu sein, und dass Sie ein für alle Mal mit allem aufräumen werden, was Sie vom Erreichen Ihrer Ziele abhalten könnte. Und dass Sie in diesen Kampf mit Ihrem Verstand gehen, ist genau das, was ich mit diesem Buch vermeiden möchte.
3. Wenn Sie sich auf diesen Kampf einlassen, werden Sie ihn letztlich mit hoher Wahrscheinlichkeit verlieren. Ihr Verstand wird Sie oft genug überlisten und Sie dazu bewegen, das Handtuch in den Ring zu werfen. Wenn dann ein Moment kommt, in dem Sie nicht stark genug sind, um positiv zu denken, wird Ihr Verstand mit negativen Gedanken zuschlagen. Sobald Sie es einmal nicht schaffen, Ihr Selbstvertrauen mit einer ganzen Armee an aufmunternden Gedanken zu nähren, wird Ihr Verstand Ihnen melden, dass Sie wieder ganz am Anfang stehen.

Sie wissen inzwischen, dass es (frühere) Erfahrungen sind, die dazu geführt haben, dass Sie negativ über sich selbst denken und negative Gefühle sich selbst gegenüber haben. Sie wissen auch, dass der Verstand mit all seinen Marotten und Forderungen ein unzuverlässiges Maß dafür ist, wer Sie sind. In diesem Sinn ist es logisch, dass nur Erfahrungen, die mit dem übereinstimmen, was Sie wirklich sein wollen, auf lange Sicht Gefühle des Selbstvertrauens erzeugen können. Dass Gedanken und Gefühle im Alltagsleben veränderlich und instabil sind, bleibt Fakt. Niemand kann immer nur frohsinnig und voller Vertrauen sein, aber das muss auch gar nicht sein. Sie können allerdings den Fokus verschieben und auf der Grundlage neuer, selbst gewählter Erfahrungen denken und fühlen, anstatt sich von Ihren bisherigen Erfahrungen leiten zu lassen.

Letztlich geht es in diesem Buch nicht darum, Ihr Selbstbild positiver zu gestalten, sondern es geht darum, dass Sie mehr und direkter Dinge erleben, sodass Sie näher an die Realität Ihres Lebens herankommen. Dieses Leben hat dann immer noch seine positiven und seine negativen Seiten. Das wird auch so bleiben. Die Frage ist, ob Sie bereit sind, beides zu erleben, damit Sie aus Ihrem Kopf herauskommen und ins wirkliche Leben eintauchen können. Deshalb ist es sehr wichtig, dass Sie sich darauf ausrichten, unmittelbare Erfahrungen im Hier und Jetzt zu sammeln. Ziel ist natürlich, dass Sie sich durch diese Erfahrungen immer häufiger mit sich selbst wohlfühlen.

Der Unterschied zwischen Werten und Zielen

Der Unterschied zwischen Werten und Zielen besteht darin, dass Ziele den Endpunkt markieren, den Sie erreichen wollen, und dass Werte mit der Reise dorthin zu tun haben. Viele der Ziele, die wir anstreben, werden wir wohl nie vollständig erreichen. Wenn es Ihr Ziel ist, mehr Selbstvertrauen zu gewinnen, mag es Ihnen vielleicht nie ganz gelingen, Ihre Selbstzweifel abzulegen. Ein Ziel ist ein Ideal, ein Orientierungspunkt, auf den Sie sich ausrichten können. Und selbst wenn Sie das eine oder andere Ziel erreicht haben, werden Sie sich vermutlich ein neues setzen. Ohne Ziel gibt es keinen Grund, sich auf die Reise zu machen.

Der Grund, weshalb ich Werte in den Vordergrund stelle, ist der, dass es letztlich um die Reise selbst geht. Das heißt nicht, dass Sie keine Ziele haben sollten. Nur, bevor Sie sich Ziele setzen, machen Sie sich bitte bewusst, dass Ziele nicht „heilig" sind. Wenn Sie sich zu sehr darauf konzentrieren, Ihr Selbstvertrauen zu steigern, werden Sie sich nicht den Raum geben, sich selbst infrage zu stellen. Wenn Sie ein anderer Mensch werden wollen und sich vollkommen darauf ausrichten, wer Sie werden wollen, fliehen Sie zugleich vor der Person, die Sie jetzt sind. Sich Ziele zu setzen, ist in Ordnung und wichtig, aber versuchen Sie, Ziele nicht so zu sehen, dass Sie diese um jeden Preis erreichen müssen. Gönnen Sie sich die Zeit für die Reise, und vor allem gönnen Sie sich die Zeit, die Reise ausgiebig zu erleben. Denn diese Reise ist das Leben.

Arbeitsblatt:
Meine Ziele und Erfahrungen, die mir auf meinem Weg helfen können

Was sind Ihre Ziele? Schreiben Sie Ihre Ziele auf, aber schauen Sie vor allem auf die Erfahrungen, die Ihnen dabei helfen können, diese Ziele zu erreichen.

Ziele	Erfahrungen, die mir auf meinem Weg helfen können
Mehr Selbstvertrauen gewinnen	*Häufiger unter Menschen gehen, Partys besuchen, Sport machen, mich gesünder ernähren, kognitive Defusion üben usw.*

Möglicherweise sehen Sie noch Hindernisse auf Ihrem Weg, der für Sie jetzt hoffentlich schon deutlicher zu erkennen ist. Darauf komme ich später noch zurück. An dieser Stelle ist es zunächst wichtig, dass Sie wissen, was Sie tun können, um Ihr wahres Wesen sprechen zu lassen.

Zusammenfassung

Hinter der Gesamtheit von Auffassungen, die Sie über sich selbst angehäuft haben, verbergen sich Ihre wahren Sehnsüchte. Diese kommen oft automatisch an die Oberfläche, wenn Sie auf Distanz zu Ihren Gedanken gehen. Achten Sie darauf, wann Sie das Wort „eigentlich" verwenden. Das Modell des Selbst besteht aus drei Ebenen: Ihrem tatsächlichen Aussehen und Verhalten, Ihrem Verstand und Ihrem wahren Wesen. Der Verstand fungiert dabei als Torwächter. Wenn wir bereit sind, unsere Gedanken und Gefühle einfach hinzunehmen, anstatt dagegen anzukämpfen, machen wir damit den Weg frei für die Dinge, die wir eigentlich tun wollen. Bereitschaft, Akzeptanz und die Schaffung von Raum sind hier die Schlüsselwörter. Wenn Ihnen klar ist, was Sie eigentlich tun wollen, können Sie mithilfe neuer Erfahrungen neue Gedanken und Gefühle entstehen lassen, die viel besser zu der Person passen, die Sie wirklich sind.

Tipps und Aufgaben

- *„Das ganze Unglück der Menschen kommt daher, dass sie nicht ruhig in einem Zimmer bleiben können."* Dieser Satz, der Blaise Pascal, einem französischen Mathematiker, Physiker, Literaten und Philosophen aus dem 17. Jahrhundert zugeschrieben wird, ist immer noch aktuell. Gönnen Sie sich Raum für Langeweile, Ruhe und Abgeschiedenheit.
- Nehmen Sie sich im nächsten Monat einmal Zeit, um herauszufinden, was Sie alles tun können, um Ihrem wahren Wesen mehr Kontur zu verleihen. Nutzen Sie die Achtsamkeitsübungen aus dem nächsten Kapitel als Hilfsmittel, um sich noch besser von Ihrem Verstand loslösen zu können. Wenn Sie in Gedanken versunken sind, schauen Sie sich anschließend das Modell des Selbst an. Ihr wahres Wesen ist oft nicht so wandelbar wie Ihre Gedanken und Gefühle. Ihre wirklichen Sehn-

süchte und Wünsche sind stabil und werden nicht einfach verschwinden, wenn Sie einmal den Weg verloren haben.

- Verändern Sie die Art und Weise, wie Sie Ihr Leben nach der „Tortentechnik" aufteilen. Schaffen Sie systematisch einen Bereich für sich selbst, in dem Sie mindestens vier Stunden in der Woche die Freiheit haben, in aller Ruhe Ihren eigenen Dingen nachgehen zu können. Tun Sie es, auch wenn Ihr Verstand vielleicht ruft, dass das nicht geht, und tun Sie es auch, wenn er sagt, der Raum dafür wäre nicht da. Akzeptieren Sie mögliche Schuldgefühle. Nur Sie selbst können die Lebensgeschichte „schreiben", die von Ihnen handelt. Spielen Sie nicht länger nur eine Nebenrolle in Ihrem Film.
- Setzen Sie weiterhin kognitive Defusionstechniken ein, wenn Ihr Verstand Ihnen Stolpersteine in den Weg legt. Sie werden sehen, dass Sie noch öfter auf vorhergehende Kapitel zurückgreifen müssen. Betrachten Sie das nicht als Scheitern. Es ist völlig normal, dass Gedanken und Regeln manchmal wie aus dem Nichts wieder aktiv werden.
- Planen Sie Erfahrungen, die eine Verbindung zu dem herstellen können, was Sie eigentlich tun wollen. Jede Erfahrung, die in Verbindung zu Ihrem wahren Wesen steht, verleiht Ihrer Identität mehr Kontur.
- Ihr Verstand wird Ihnen vermutlich sagen, dass das nicht so einfach ist, wie ich es hier beschreibe, und dass Sie sich das gut überlegen sollten, bevor Sie mit dieser Selbsterkundung weitermachen. Sie sind immer noch in der Phase der Entwöhnung von Ihren Gedanken und Gefühlen. Selbstvorwürfe, Schuldgefühle, Wut und Trauer werden sicherlich mittels Ihres Verstands Revue passieren. Das ist in Ordnung! Sie müssen sich nicht auf den Kampf einlassen. Räumen Sie den Gedanken und Emotionen einfach eine Daseinsberechtigung ein. Sie haben sich auf den Weg gemacht, und darum geht es.

Im nächsten Kapitel finden Sie Übungen, die Ihnen dabei helfen können, Ihr Dasein in dieser wundervollen Welt unmittelbarer und intensiver zu erleben.

7 Achtsamkeit

In den letzten Jahren hat es viele Entwicklungen innerhalb der Psychologie gegeben. Die Akzeptanz- und Commitment-Therapie (ACT) ist in meinem Heimatland, den Niederlanden, der breiten Öffentlichkeit noch kaum bekannt, in den USA ist ACT mittlerweile von Kongressen zur kognitiven Verhaltenstherapie nicht mehr wegzudenken. Es gibt viele Studien über die Wirksamkeit von ACT bei Menschen mit den unterschiedlichsten psychischen Problemen. Die Studien zeigen, dass ACT vor allem langfristig einen positiven Einfluss darauf hat, wie Menschen im Leben stehen und inwieweit sie in der Lage sind, widrigen Umständen zu trotzen.

ACT beinhaltet eine Kombination verschiedener Themenbereiche, wie Akzeptanz, Bereitschaft, kognitive Defusion und Commitment (engagiertes, entschlossenes Handeln). Auch Achtsamkeit ist ein wichtiger Bestandteil der ACT und darf damit auch in diesem Buch nicht fehlen. Die Anwendung von Achtsamkeitsübungen ist auch innerhalb der traditionellen Therapieformen bereits weit verbreitet. Es gibt mehrere Berührungspunkte mit der Meditation, aber die Achtsamkeit unterscheidet sich in einigen Punkten grundlegend von der Meditation. Wichtig ist, dass Sie die Übungen, die Sie anschließend machen werden, im richtigen Kontext sehen können, damit Sie wissen, was genau das Ziel der Achtsamkeit ist.

Warum Achtsamkeit?

Versuchen Sie, sich einen Moment in Erinnerung zu rufen, in dem Sie sich einmal sehr erschrocken haben. Sie haben zum Beispiel in letzter Sekunde einen LKW herankommen sehen, als Sie gerade die Straße überqueren wollten. Die Angstgefühle, die einen in solchen Momenten überkommen, sind gewaltig und fühlen sich unangenehm an. Das soll auch so sein. Die Gefühle sind dazu da, Sie zu warnen. In einer schnellen Reaktion springen Sie zurück auf den Bürgersteig.

Wenn der Ursprung des Problems *außerhalb* von uns liegt, ist fliehen oder vermeiden als Reaktion logisch. Vor einem wild gewordenen Stier sollten Sie sich unbedingt in Sicherheit bringen. Es ist gut und richtig, wenn Sie das tun. Problematisch wird es, wenn wir dasselbe Verhalten als Reaktion auf etwas, das sich in unserem *Inneren* abspielt, an den Tag legen, also als Reaktion auf unsere Gedanken, Gefühle und unser Selbstbild. Vor dem Stier kann man sich mit Glück retten, aber vor sich selbst kann man nicht weglaufen. Wir können unsere negativen Gedanken und Gefühle nicht abstellen. Es wird sie immer geben. Was könnte dann eine Alternative zur Flucht und zur Vermeidung sein?

Achtsamkeit meint eine Form des Bewusstseins, bei der man seine Aufmerksamkeit bewusst auf eine Sache lenkt und diese Sache sieht, wie sie in dem jeweiligen Moment gerade ist, ohne sie zu bewerten. Die Übungen sind rein auf das Erleben im Hier und Jetzt ausgerichtet. Dadurch, dass wir mit unseren Sinnen in Kontakt treten und bewusst darauf achten, was wir empfinden, wird unser Erleben intensiver und reicher.

Achtsamkeit beschäftigt sich mit alltäglichen Dingen, die wir für so selbstverständlich halten, dass wir sie oft gar nicht beachten. Wir lernen, nicht zu bewerten und die Dinge so wahrzunehmen, wie sie wirklich sind, und nicht, wie wir sie gern hätten. Wenn Sie die Übungen in Ihrem Alltagsleben regelmäßig anwenden, werden Sie die Fähigkeit entwickeln, Dinge im aktuellen Moment und unmittelbar zu erleben. Achtsamkeit ist somit vor allem eine Fähigkeit, eine Handlungs- und Wahrnehmungsweise, die sich jeder Mensch selbst aneignen kann. Dabei gilt: Je öfter wir üben, desto besser sind wir im Kontakt mit unseren Gefühlen und der Außenwelt.

Warum funktioniert Achtsamkeit so gut? Die Antwort klingt widersprüchlich: *Je besser wir gelernt haben, bedrohlichen Gedanken und Gefühlen auf eine unbefangene, vorurteilsfreie Art zu begegnen, desto kleiner ist die Wahrscheinlichkeit, dass wir unter diesen Gedanken und Gefühlen leiden.* Da wir gelernt haben, die Gefühle nicht mehr zu bewerten, erleben wir sie nicht mehr als störend oder bedrohlich. Mit anderen Worten: Die Probleme, mit denen wir wegen unserer Gedanken und Gefühle zu kämpfen haben, werden erst durch die *Art und Weise, wie* wir versuchen, die Probleme zu lösen, verursacht. Die Tatsache, dass wir Menschen mit negativen Gedanken, Gefühlen und Umständen konfrontiert werden, ist für sich allein genommen noch nicht die Ursache für menschliches Leid. Unser Leiden wird hauptsächlich dadurch verursacht, dass wir alles dafür tun, um die Gedanken, Gefühle und Umstände von uns fernzuhalten. Vielleicht haben Sie bisher in erster Linie versucht, sich von den negativen Gedanken und Gefühlen abzuwenden. Durch die Übungen lernen Sie, das nicht mehr zu tun, wobei Sie vielleicht erst dann entdecken, was es ist, das Sie die ganze Zeit fernhalten wollten.

Vor allem am Anfang kann es ziemlich aufregend sein, die Übungen zu machen. Sie befinden sich auf einmal auf einem Weg, um den Sie vorher immer einen Bogen gemacht haben. Betrachten Sie es als ein Wiedersehen mit einem alten Bekannten, auch wenn Sie sich beide erst wieder daran gewöhnen müssen. Möglicherweise ist es schon so lange her, dass Sie mit Ihrem wahren Selbst in Kontakt waren, dass es sich so anfühlt, als müssten Sie sich erst wieder neu kennenlernen. Aber genau wie bei dem alten Bekannten werden früher oder später wieder vertraute Gefühle aufkommen.

Was Achtsamkeit nicht ist

Achtsamkeitsübungen haben nicht zum Ziel, Sie zur Ruhe zu bringen. Oft neigen Menschen dazu, die Übungen nur dann zu machen, wenn Ihnen nach Entspannung und Ruhe ist. Obwohl das ein angenehmer Nebeneffekt sein kann, ist Achtsamkeit dafür nicht gedacht. Es ist wichtig, dass Sie die Übungen machen, ohne sich das Ziel zu setzen, dass Sie sich hinterher entspannter und ruhiger fühlen. Mit einer solchen Einstellung ist Ihr Verstand nämlich wieder damit beschäftigt, Ihre Gefühle zu kontrollieren, und dann werden Sie die Übungen nicht machen, wenn Sie sich gerade nicht so gut fühlen, oder Sie wollen – umgekehrt – die Übungen dafür nutzen, negative Gefühle wegzuschieben.

Achtsamkeit hat mit den Regeln des Verstands nichts zu tun. Hier wird nicht unterschieden zwischen positiven und negativen Gedanken oder Gefühlen. Alles, was Sie denken und fühlen, ist präsent und darf erlebt werden, ohne Wenn und Aber. Somit ist jeder Moment des Tages geeignet, um diese Übungen durchzuführen. Egal, ob Sie gerade fröhlich, deprimiert, ruhig, ängstlich, verärgert oder müde sind: Es gibt keinen Grund, die Übungen nicht zu machen. Achtsamkeit ist auch kein Mittel, sein Bewusstsein zu verändern. Hypnose oder transzendentale Meditation sind Beispiele für Techniken, die uns in eine „andere“ oder „höhere“ Bewusstseinsform bringen wollen. Achtsamkeit hingegen zielt darauf ab, den Kontakt zu unseren Sinnen zu stärken, damit wir mit beiden Beinen auf dem Boden und im Leben stehen.

Reservieren Sie Zeit

Sie haben – wenn es geklappt hat – nach dem Lesen des vorhergehenden Kapitels Zeit und Raum für Langeweile und Selbsterkundung geschaffen. Diese Zeit können Sie für regelmäßige Achtsamkeitsübungen nutzen. Im ersten Monat wäre es gut, jeden Tag zwanzig bis dreißig Minuten dafür zu reservieren. Sie investieren diese Zeit, um eine neue Fähigkeit zu erlernen. Auf Dauer kann dies zur Gewohnheit werden. Ohne diese Zeit fehlt der Raum, Ihrem wahren Wesen Kontur zu verleihen. Stellen Sie sich einen Maler vor, der ein Selbstportrait malen möchte. Man hat ihm Farben, Pinsel und eine Staffelei gegeben, er weigert sich aber, eine Leinwand anzuschaffen. Er würde gerne malen, aber es fehlt ihm die freie Fläche, auf der er malen könnte. Sorgen Sie also dafür, dass eine weiße, unbenutzte Leinwand vorhanden ist, damit wir mit der Erstellung Ihres Selbstportraits anfangen können.

> Ich habe bei mir zu Hause einen festen, fernsehfreien Abend eingerichtet, der auch dann gilt, wenn ein guter Film im Fernsehen läuft oder wenn ich gerade keine Lust auf Stille habe. Jeden Montagabend werden bei mir alle Geräte ausgeschaltet, und ich bin telefonisch nicht erreichbar. Ich zünde Kerzen an und mache Achtsamkeitsübungen, schreibe etwas oder mache Musik. Dadurch, dass ich diesen einen festen Termin für Stille reserviert habe, vermeide ich, von den Umständen „gelebt zu werden" und/oder von Harry, der sagt, keine Lust auf Ruhe und Langeweile zu haben.

Die eigenen Gedanken und Gefühle bewusst wahrnehmen

Versuchen Sie, sich darin zu üben, Ihre eigenen Gefühle bewusst wahrzunehmen und sie nicht zu unterdrücken. Die Gefühle, die nicht unmittelbar von der Außenwelt hervorgerufen werden, können Sie nicht verhindern. Deshalb ist es besser, sie so bewusst wie möglich wahrzunehmen. Wenn Sie das tun, gewöhnen Sie sich mit hoher Wahrscheinlichkeit an die Gefühle, was dazu führt, dass diese auf Dauer viel weniger präsent sein werden.

Achten Sie künftig darauf, wenn Sie merken, dass Sie ärgerlich, ängstlich oder traurig sind. Verweilen Sie in solchen Momenten kurz und machen Sie sich bewusst, dass diese Emotion in diesem Moment bei Ihnen vorhanden ist. Versuchen Sie, das Gefühl vollständig zuzulassen. Bewerten Sie es nicht und versuchen Sie auch nicht, Ihre Traurigkeit, Ihre Angst oder Ihren Ärger in irgendeiner Weise zu verändern oder zu unterdrücken. Lassen Sie Ihre Gefühle für den Moment sein, wie sie sind.

Führen Sie sich in solchen Momenten vor Augen, inwieweit Sie tatsächlich bereit sind, in vollem Umfang wahrzunehmen, was Sie fühlen. Ich stelle mir das wie eine Art Barometer vor. Wenn ich zum Beispiel traurig bin, überlege ich nicht mehr, woher dieses Gefühl kommt oder was ich tun kann, um es loszuwerden. Als erstes versuche ich, die Bereitschaft aufzubringen, das Gefühl uneingeschränkt wahrzunehmen. Wie ein Schwamm versuche ich, alle vorhandenen Gefühle der Traurigkeit aufzusaugen. Die Gefühle bekommen von mir in diesem Moment nicht nur ihre Daseinsberechtigung, sondern jeden erforderlichen Raum. Das Seltsame ist, dass das Gefühl dann oft wie Schnee in der Sonne schwindet.

Mit den Sinnen in Kontakt treten

Wenn Sie bereit sind, Ihre Gedanken und Gefühle uneingeschränkt wahrzunehmen, machen Sie den Weg frei für unmittelbare Erfahrungen im Hier und Jetzt. Diese Erfahrungen erschaffen Sie, indem Sie mit Ihren Sinnen in Kontakt treten. Weil Ihnen Ihre Gedanken und Gefühle nicht mehr im Weg stehen, können Sie sich wieder mit der Welt um Sie herum verbinden. Das kann eine großartige, manchmal auch intensive emotionale Erfahrung sein. Es ist das konkrete Erleben der Vorstellung, dass Sie aus dem Kopf heraus- und in das Leben hineingehen. Nutzen Sie dafür Ihre Sinne bewusst als Fühler. Versuchen Sie, sich zielgerichtet und aufmerksam darauf zu besinnen, was Sie da tun. Hier sind ein paar Tipps:

Achtsamkeitsübungen

- Schmecken: Nehmen Sie sich Zeit zum Essen, und essen Sie bewusst und achtsam. Kauen Sie langsamer, als Sie es normalerweise tun. Nehmen Sie den Geschmack der Speisen vollständig in sich auf und experimentieren Sie damit, Dinge bewusst zu schmecken.
- Riechen: Halten Sie einen Moment inne, wenn Sie einen ungewöhnlichen, starken Geruch wahrnehmen. Das können Sie auch selbst herbeiführen, indem Sie beispielsweise Räucherstäbchen anzünden oder bei einem Waldspaziergang bewusst alle Gerüche aufsaugen.
- Fühlen: Mit Ihren Händen und Füßen können Sie ganz unterschiedliche Empfindungen herbeiführen. Ich laufe zum Beispiel sehr gern mit nackten Füßen auf Gras, und ich mag es, bewusst das weiche Fell meines Hundes zu berühren. Klingt das irgendwie abgehoben? Probieren Sie es aus! Ihr Verstand wird sich wundern.
- Hören: Bei störenden Geräuschen neigt man dazu, sich darüber zu ärgern. Machen Sie ein Experiment und versuchen Sie, ein solches Geräusch vollständig in sich aufzunehmen.
- Sehen: Es gibt verschiedene Möglichkeiten, wie Sie Ihren Augen Reize bieten können – dabei kommt es auch auf Ihre persönlichen Vorlieben an. Wenn Sie die Natur lieben, können Sie Pflanzen und Tiere einmal viel aufmerksamer betrachten. Sie können auch einen Tag im Tierpark verbringen und sich vornehmen, die Tiere sehr genau anzuschauen. Sie werden überrascht sein, welche kleinen Details Ihnen auffallen werden. Sie können dies ebenso beim Betrachten von Kunst oder Autos tun – oder was auch immer Ihnen interessant erscheint.

Im Fächer *Achtsam durch den Tag* (Jansen, 2020) finden Sie weitere Übungsanleitungen.

Zusammenfassung

Achtsamkeit ist eine Konzentrationstechnik, die es uns ermöglicht, das Hier und Jetzt öfter und unmittelbarer zu spüren und zu erleben. Da wir vor äußeren Gefahren die Flucht ergreifen, neigen wir auch dazu, vor dem zu fliehen, was in unserem Körper passiert. Vor unseren Gedanken und Gefühlen können wir aber nicht davonlaufen; deshalb wäre es viel besser, sie ohne Einschränkungen zuzulassen. Wenn wir unserem Denken und Fühlen uneingeschränkte Aufmerksamkeit schenken – ohne zu bewerten –, werden wir weniger unter negativen Gedanken und Gefühlen leiden. Achtsamkeit unterscheidet nicht zwischen negativen und positiven Gedanken und Gefühlen. Alles, was wir erleben, ist Teil unserer Realität. Probleme entstehen erst durch die Art und Weise, wie wir versuchen, Probleme zu umgehen oder zu lösen. Wenn Sie dazu bereit sind, Ihre Gedanken und Gefühle vollständig zuzulassen, werden Sie besser in der Lage sein, Ihre Sinne zu nutzen. Das ermöglicht Ihnen, in direkten Kontakt mit der Außenwelt zu treten und mit Recht zu sagen, dass Sie LEBEN.

8 Erfahrungen sammeln

Als der niederländische Rocksänger Benny Jolink aus Afghanistan zurückkehrte, erwartete ihn eine Horde von Journalisten, bereit, ihm ein Loch in den Bauch zu fragen. Er war dort vor niederländischen Soldaten aufgetreten, die im Kriegsgebiet versuchten, das von acht Jahren Bush-Regierung verursachte Chaos aufzuräumen. Bei seiner Rückkehr wollten alle wissen, wie es ihm ergangen sei, ob er schlimme Dinge gesehen hätte, ob die Reise gut oder schlecht war usw. Jolink antwortete: „Ich bin ein Sammler von Erfahrungen, und das war auch eine Erfahrung, und zwar eine ganz besondere, wenn ich das so sagen darf."

Jolink ignorierte die rationalen Etikettierungen, die die Journalisten seinen Erfahrungen anheften wollten. Sicherlich hatte er während seines Aufenthalts sowohl Positives als auch Negatives erlebt, er äußerte sich aber mit keinem Wort dazu. Er nahm die Erfahrung so, wie er sie erlebt hatte, ohne auf die Ebene des Kampfs zwischen Gut und Böse zu gehen.

Der Dauerkampf

Manchmal hat es den Anschein, als ob wir gar nicht glücklich sein wollten, als ob das Leben ein Alles-oder-Nichts-Spiel sei, als ob wir immer alles gut machen müssten und perfekt aussehen müssten – und wenn nicht, sind wir automatisch mit negativen Urteilen über uns zur Stelle. Es ist unser Verstand, der uns suggeriert, wir müssten zwischen der Vorstellung wählen, wir seien schön oder hässlich, nett oder unfreundlich, gesellig oder zurückhaltend. Die Realität ist aber, dass sämtliche Auffassungen über uns selbst tatsächlich nebeneinander bestehen können. Wir alle haben gute und schlechte Eigenschaften, ob das unserem Verstand gefällt oder nicht.

Sie sind, wenn es mit dem Üben geklappt hat, inzwischen imstande, Ihre Gedanken aus einer Distanz heraus zu betrachten. Wenn Sie von außen erkennen können, wie der Kampf des Verstands mit positiven und negativen Gedanken geführt wird, ist es manchmal etwas leichter, die Sinnlosigkeit dieses Gefechts zu sehen. Der Kampf zwischen den Gedanken wird nie enden, weil unser Verstand immer wieder negative Gedanken produzieren wird. Aber immer dann, wenn Sie sich darin üben, diesen Kampf von außerhalb Ihres Verstands zu betrachten, werden Sie spüren, dass Sie da sind, dass Sie LEBEN, im Hier und Jetzt. Sie müssen den Kampf mit Ihren Gedanken nicht mehr ausfechten, weil Sie nicht mehr Teil dieses Kampfes sind. Lassen Sie Ihren Verstand ruhig weiterplappern, während wir uns gemeinsam ins echte Leben stürzen.

Akzeptieren Sie, dass sie menschlich sind

Mein großes Idol Friedrich Nietzsche schreibt in seinem Buch *Menschliches, Allzumenschliches* (Nietzsche, 1878), dass wir Menschen nicht denken sollten, wir seien so viel besser als Tiere. Wir würden so tun, als könnten wir alles perfekt, könnten alles kontrollieren oder ändern und als sei Scheitern ein Zeichen von Schwäche. Nietzsche zufolge rennen wir Menschen unweigerlich gegen die Wand, weil unser Menschenbild nicht mit der Realität übereinstimmt. Er meint damit, dass wir uns als viel besser darstellen würden, als wir in Wirklichkeit seien.

Was Nietzsche meint, ist, dass wir verschleiern, wer wir wirklich sind. Wir leben nach den perfektionistischen Regeln unseres Verstands und versuchen jemand zu sein, der wir nicht sind. Wahrscheinlich machen wir uns besser, als wir sind, indem wir unsere negativen Seiten kaschieren. Damit halten wir uns hauptsächlich selbst zum Narren. Wir leugnen einen Teil von uns, um einer Zurückweisung oder Ablehnung zuvorzukommen. Das Einzige, was daraufhin passiert, ist, dass wir uns ein ums andere Mal selbst zurückweisen. Und deshalb ist es jetzt an der Zeit, damit aufzuhören, alles, was wir sind, zu vermeiden. Es ist an sich einfach: Denken Sie nicht in Kategorien wie gut oder schlecht. Leben ist eine Frage des *Er*lebens. Wir sind manchmal so streng bei der Bewertung unseres Verhaltens, dass wir vollkommen aus den Augen verlieren, dass das Leben schön sein kann, wenn wir in diesem Punkt nur etwas weniger ernst und hart wären.

Wie schon gesagt: Letztlich ist unser Selbstbild das Produkt zufälliger Erfahrungen, die von unserem Verstand meist negativ interpretiert werden. Ohne die Regeln und Interpretationen unseres Verstands wäre unser Leben viel einfacher: Wir würden uns viel seltener schuldig fühlen, wir wären eher bereit, Fehler zu machen, und wir wären viel schneller dazu in der Lage, „einfach" zu tun, was wir tun wollen.

Und so sind wir an und für sich alle ein Stück weit menschlicher, als unser Verstand uns glauben macht. Wir machen eine Sache gut, eine andere nicht, wir sind schön und wir sind hässlich, wir lachen und weinen, wir sind offen und verschlossen, gesellig und zurückgezogen und versuchen alle, auf unsere eigene Art und Weise etwas aus unserem Leben zu machen. Die Schubladen, in die unser Verstand uns stecken möchte, existieren in Wirklichkeit nicht. Unabhängig von unserem Verstand sind wir all diese Dinge gleichzeitig, und wir unterscheiden uns auch nicht groß voneinander.

> Dieser Gedanke wird mir immer sehr bewusst, wenn ich in die Sauna gehe. Normalerweise versucht ja jeder Mensch auf seine individuelle Art und Weise, attraktiv auszusehen. Aber in der Sauna kann man sehen, wie ähnlich wir uns alle sind. Der äußere Schein ist dann weg, und plötzlich werden die Unterschiede zwischen den Menschen viel kleiner. Wir Menschen haben ja letztlich alle dieselben äußerlichen Merkmale, und wir können sogar unser Blut und unsere Organe miteinander teilen, wenn es notwendig ist.

Dieses Prinzip findet man auch in der therapeutischen Praxis wieder. Egal für wie schön, hässlich, selbstsicher oder unsicher sich jemand auch halten mag, letztlich sind die Themen, mit denen Menschen zu kämpfen haben, oft gar nicht so unterschiedlich. Wir alle sind ängstlich, verärgert, fröhlich, abhängig und unabhängig, oft alles zur gleichen Zeit. Und wir alle erleben Dinge, die uns glücklich machen, und Dinge, die uns regelrecht lähmen können.

Wir sollten uns selbst nicht so einschränken, indem wir uns nur als unsicher, hässlich oder dumm abstempeln. Wir sind vieles und alles, und wir dürfen alles sein, und zwar jeder von uns. Oder tragen Sie zufällig ein blaues Cape und haben ein großes S auf dem Bauch? Das ist eine ernstgemeinte Frage. Ihr Verstand verlangt von Ihnen, dass Sie so eine Art Superheld sein sollten, perfekt aussehend und ohne Schwächen. Ihr eigenes Menschsein anzunehmen, hat viel damit zu tun, das Cape, das Ihnen Ihr Verstand umgehängt hat, abzulegen. Wenn Sie sich eingestehen, dass Sie kein Held sind, erschaffen Sie für sich den Raum, um auf menschliche Weise das zu tun, was Sie eigentlich so gern tun wollen.

Den Plan verwirklichen

Und jetzt können Sie damit anfangen, Ihr Leben so zu gestalten, wie Sie es eigentlich wollen. Sie müssen das nicht perfekt tun, Sie müssen nicht alles gleichzeitig tun, und Ihr Verstand oder Ihre Gefühle müssen das nicht gutheißen. Gewohnheiten zu durchbrechen, sorgt naturgemäß für Unruhe und widersprüchliche Gefühle. Auch wenn Ihr Verstand weiß, dass es gut ist, was Sie tun, werden Sie Widerstand spüren. Um noch einmal das Beispiel aus Kapitel 4 aufzugreifen: Menschen, die gern abnehmen würden, nehmen sich häufig vor, weniger zu essen und sich mehr zu bewegen. Sie wissen, dass ein ungesundes Essverhalten und Bewegungsmangel zu Übergewicht führen, und dennoch essen sie weiter zu viel und bewegen sich zu wenig. Wie passt das zu der Aussage, dass man doch sehr gern abnehmen würde?

Dieses Beispiel zeigt ein weiteres Mal, dass unser Verstand nicht immer ein guter Wegweiser für unser Verhalten ist. Wenn Sie dazu übergehen wollen, das zu tun, was Sie eigentlich tun wollen, ist es besser, wenn Sie sich von Ihren Werten leiten lassen.

Dabei gilt, dass jede Erfahrung, die Sie auf Ihrem Weg machen, zählt. Jedes Mal, wenn Sie etwas tun, das mit Ihren Werten übereinstimmt, werden Sie Ihr Leben als wertvoller empfinden. Wenn Sie Ihre wahre Identität zum Ausdruck bringen, entsteht ein Kontakt zwischen Ihrem wahren Wesen und dem Leben. *Wenn Ihr Verstand nicht mehr als Hindernis zwischen Ihren Werten und Ihrem tatsächlichen Verhalten steht, können Sie zu wertebasiertem Handeln gelangen.*

Schauen Sie sich noch einmal die bildliche Darstellung des Selbst in Kapitel 6 auf Seite 79 an, um nachzuvollziehen, was ich meine. In den vorhergehenden Kapiteln haben wir uns alle drei Ebenen unseres Selbst angesehen. Wenn es Ihnen möglich ist, den Verstand einfach den Verstand sein zu lassen, stehen die Gedanken nicht mehr zwischen Ihren Werten und Ihrem tatsächlichen Verhalten. Das neue Modell könnte dann wie folgt aussehen:

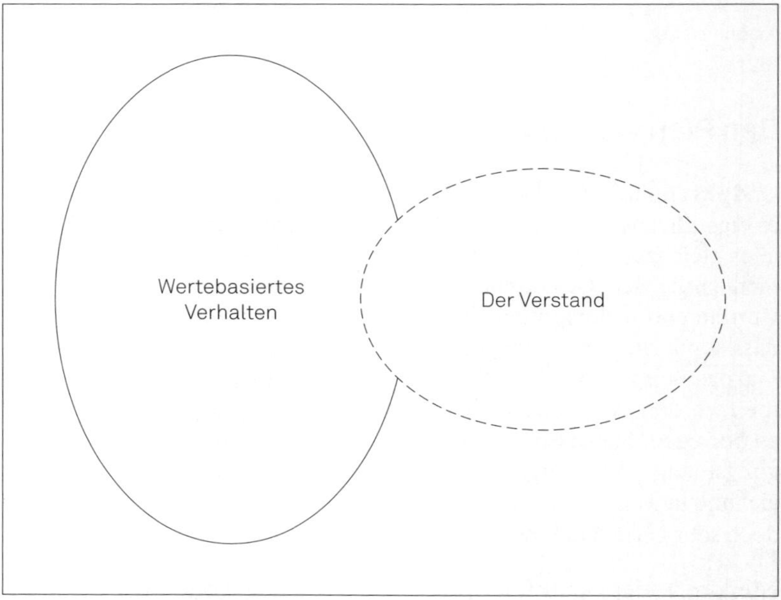

Abbildung 6: Der Verstand auf Distanz

Wie Sie sehen, ist der Verstand nicht aus dem Modell verschwunden. Ihre Werte und Ihr tatsächliches Verhalten bilden nun eine Einheit, und Ihr Verstand bleibt als Einflussfaktor bestehen. Das liegt daran, dass wir unseren Verstand noch immer benötigen, etwa um bestimmte Aufgaben erledigen zu können. Aber der Verstand hat weniger darüber zu sagen, wie wir unsere Werte zum Ausdruck bringen.

Was ist Ihr Plan? Es ist empfehlenswert, eine Art Wochenplan zu erarbeiten, in dem Sie Ihre Pläne und Termine für die Dinge, die Sie tun wollen, festhalten. Wenn Sie jeden Tag bewusst etwas von dem tun, was Sie eigentlich tun wollen, werden Sie erkennen, wer Sie wirklich sein wollen. So ein Wochenplan könnte wie folgt aussehen:

Montag	Sport machen oder ein anderes Hobby ausüben
Dienstag	Eine Stunde Stille für Langeweile, Alleinsein und Ruhe
Mittwoch	Kino oder Theater; sehen, was ich eigentlich gern sehen würde
Donnerstag	Zeit mit meinem Partner oder meiner Partnerin verbringen, ohne Ablenkung durch Telefon, Kinder oder andere Menschen; Freunde treffen oder (wenn Sie gern eine Beziehung hätten) herausfinden, was mir an einem Partner oder einer Partnerin wichtig wäre
Freitag	Herausfinden, welche neuen Dinge ich tun könnte, beruflich oder als Hobby oder welche Reise ich schon immer einmal machen wollte
Samstag	Sport machen, faulenzen, ausgehen, tanzen, unter Menschen gehen, mich mit der Person verabreden, die für mich am wichtigsten ist
Sonntag	Besinnung, Achtsamkeit, Pläne entwickeln, wie ich Dinge in meinem Leben verändern kann, einen Waldspaziergang machen, Essen gehen

Für alles, was Sie sich vornehmen, gilt: Gedanken und Gefühle der Angst oder des Widerstands sind keine Entschuldigung dafür, die Dinge nicht zu tun. Sie *müssen* also gar nichts, und Sie *dürfen* auch den Gedanken haben, dass Sie auf einmal doch keine Lust haben. Es macht nämlich nichts, wenn Sie gerade keine Lust haben, die geplanten Aktivitäten umzusetzen. Auch wenn Sie zunächst keine Lust haben, können Sie also tun, was Sie eigentlich gern tun würden. Ihr Verstand wirft Ihnen Hindernisse vor die Füße, und es ist wichtig, dass Sie das erkennen und nicht darauf reinfallen.

Ja, aber … bei mir ist das nicht so einfach

Wenn man das Gefühl hat, in einer bestimmten Situation festzustecken, kann es schwierig sein, eine Veränderung herbeizuführen. Oder es erweist sich als kompliziert, das Leben neu zu strukturieren. Auch in diesem Punkt denken wir oft in „Alles-oder-Nichts"-Kategorien. Wenn wir einmal merken, dass sich die Situation doch nicht so schnell verändern wird, geben wir unsere Werte vorschnell auf und gehen zum Tagesgeschäft über.

Ein guter Freund von mir hat, wie ich, Psychologie studiert. Schon während des Studiums und auch hinterher war ihm klar, dass die Wahl des Studienfachs für ihn nicht die richtige war. Er wollte nicht in diesem Bereich arbeiten und musste etwas anderes für sich finden. Aktuell arbeitet er als Berater für Sozialhilfeempfänger und ist für die Arbeit viel unterwegs. Er übernachtet in Hotels und kann von seinem Lohn gerade mal die Miete bezahlen.

Eigentlich würde er gerne in die Politik gehen, aber angesichts seiner Lebensumstände hält er dieses Ziel für unrealistisch – schließlich kommt er schon jetzt kaum mit seinem Gehalt über die Runden. Seine wahren Wünsche müssen wegen der schwierigen Umstände immer wieder zurückgestellt werden. Und dennoch hat mein Freund es geschafft, den Weg der für ihn wichtigen Werte einzuschlagen. Zu allem anderen, was er sowieso schon macht, kommen noch folgende Aktivitäten hinzu:

- einmal wöchentlich aufzuschreiben, wie es ihm in der vergangenen Woche ergangen ist und was seine Pläne für die kommende Woche sind,
- in der Freizeit herauszusuchen, welche ergänzenden Ausbildungen er auf seinem Weg zur politischen Karriere absolvieren könnte,
- herauszufinden, in welche Position er wechseln könnte, um der Richtung, in die er sich entwickeln möchte, näherzukommen,
- die Webseiten politischer Parteien zu studieren,
- einen Plan aufzustellen, aus dem ersichtlich wird, wo er in einem Jahr stehen möchte und wo in fünf Jahren,
- eine Initiativbewerbung an seine bevorzugte Partei zu richten.

Auch mein Freund fühlte und fühlt sich auch weiterhin manchmal entmutigt, wenn er sich vergegenwärtigt, welcher Weg noch vor ihm liegt, bis er sein Ziel erreichen wird. Er hat sich auch immer wieder gefragt, ob es ihm überhaupt gelingen wird. Aber dann fing er an, systematisch Dinge zu tun, die seine Werte repräsentieren. Mit der Zeit fiel mir auf, dass er sich verändert hat. Ich bemerkte, dass seine Augen wieder leuchteten und er voller Enthusiasmus von seinen

Träumen und Idealen erzählte. Die Tatsache, dass er anfing, sich auf das zu konzentrieren, was er wirklich erreichen möchte, ließ ihn zuversichtlicher in die Zukunft blicken.

Der entscheidende Punkt ist, sich auf den Weg zu machen, auch wenn es kleine Schritte sind, die man macht. Es ist wichtig, sich nicht zu sehr auf die Ziele zu versteifen, sondern ebenso die Zwischenstationen auf dem Weg zum Ziel im Blick zu haben. Wenn mein Freund sich ausschließlich auf das Ziel, Politiker zu werden, konzentrieren würde, wäre die Gefahr, aufzugeben, viel größer. Dieses Ziel ist so weit weg, dass sich tatsächlich die Frage stellt, ob er es jemals schaffen wird. Solange er systematisch Dinge tut, die ihn schrittweise näher zum Ziel bringen, wird er im Hier und Jetzt das Gefühl haben, daran zu arbeiten, seinem wahren Wesen Ausdruck zu verleihen. Und genau darum geht es.

Ja, aber ... ich weiß ja gar nicht, was ich eigentlich möchte

Möglicherweise wissen Sie zum gegenwärtigen Zeitpunkt noch nicht so genau, was Sie eigentlich am liebsten tun würden. Fangen Sie dann mit der Liste der Aktivitäten, die Ihnen attraktiv erscheinen, aus Kapitel 6 auf den Seiten 89/90 an („Wenn es keine Hindernisse gäbe, würde ich eigentlich gern ..."). Alle Aussagen, die Sie mit einem „Ja" beantwortet haben, können Sie in Ihrem Plan berücksichtigen.

Auch in diesem Fall ist es wichtig, dass Sie sich Zeit nehmen, um Neues zu entdecken. Wenn Sie nicht wissen, was Sie eigentlich gern tun würden, nutzt Ihr Verstand diesen Umstand als Argument, um am Ende nichts zu tun. Es kann gut sein, dass Sie letztlich bei etwas völlig anderem landen. Mein Freund, dessen Geschichte ich weiter oben erzählt habe, könnte beispielsweise herausfinden, dass etwas anderes ihn noch mehr anzieht als die Politik. Auch das ist dann eine Konsequenz der Tatsache, dass er sich auf den Weg zu neuen Erfahrungen gemacht hat. Wenn Sie reisen wollen, müssen Sie nicht wissen, was Ihr endgültiges Ziel ist. Mehr noch: Am Ende ist die Reise das Ziel.

Ja, aber … ich weiß nicht, ob ich das alles hinkriege

Wenn Sie zweifeln, ob Sie es schaffen, sich in bestimmte Situationen zu begeben, leben Sie immer noch nach den Regeln, die besagen, dass Sie alles richtig machen müssen, wenn Sie in die Situation hineingehen. Außerdem kommt es – vor allem am Anfang – darauf an, dass Sie sich in der Bereitschaft üben. Erinnern Sie sich noch einmal an das Bild mit dem Rucksack, das ich in Kapitel 6 beschrieben habe. Wenn Sie denken, dass Sie bestimmte Dinge nicht tun können, finden Sie heraus, ob Sie bereit sind, die Angst und die Zweifel mitzunehmen. Auch wenn Sie unsicher sind, können Sie trotzdem an einer Feier teilnehmen. Auch wenn Sie Angst haben, können Sie trotzdem zeigen, wer Sie sind. Schauen Sie sich noch einmal die Liste mit den für Sie kritischen Worten auf Seite 69 an. Meistens haben die Zweifel etwas damit zu tun. Seien Sie bereit und „umarmen" Sie alle negativen Gedanken und Gefühle, die Ihnen auf Ihrem Weg begegnen, und nehmen Sie sie in Ihrem Rucksack mit.

Ja, aber … wer bin ich dann?

Zweifelsohne werden Sie, trotz allem, was Sie bisher getan haben, noch immer das Gefühl haben, keine Antwort auf die Frage, wer Sie nun wirklich sind, bekommen zu haben. Sie haben Ihr Selbstbild losgelassen und passen nun nicht mehr in die Schubladen, die Ihr Verstand für Sie vorgesehen hat. Was ist jetzt noch übriggeblieben?

Der Prozess, den Sie nun durchlaufen, wird im Buddhismus „Loslassen des Egos" genannt. Das Ego manifestiert sich in dem Gefühl, dass wir etwas Besonderes sind, wichtig und einzigartig, und dass wir die Kontrolle über uns selbst und die Umstände unseres Lebens haben. Das Ego ist der Teil Ihres Verstands, der Sie und Ihr Leben größer, schöner und wichtiger machen möchte, als es in Wirklichkeit der Fall ist. Es ist Ihr Verstand, der Ihnen suggeriert, dass Sie anders sind als andere, indem er Ihnen zum Beispiel sagt, dass Sie besser, schlechter, hübscher, hässlicher, klüger oder dümmer sind als die anderen.

Wenn dieser Teil Ihres Verstands plötzlich viel weniger über Sie zu sagen hat, ist es logisch, dass Sie sich dadurch etwas verunsichert fühlen. Denn mit einem Mal treten Sie in das wahre Leben ein und erkennen, wo Sie tatsächlich stehen. Meist ist das eine enttäuschende Erfahrung, weil unser Verstand uns die ganze Zeit gesagt hat, wie außergewöhnlich und einzigartig wir sind. Die Realität unseres Lebens ist, dass wir alle ein sehr kleiner Teil eines viel größeren Ganzen sind.

Sie können diese Vorstellung mit einem Fisch vergleichen, der sein bisheriges Leben in einer Glasschale verbracht hat. Das war sein eigenes, sicheres Territorium. Die Schale war zwar klein, aber so wusste der Fisch wenigstens genau, wohin er schwimmen konnte und wohin nicht. Und außerdem war es *seine* eigene Schale, was ihm das Gefühl gab, Herr seiner Umstände zu sein. Das Loslassen unseres Selbstbildes entspricht diesem Fisch, der plötzlich ins Meer gelangt. Auf einmal ist sein Territorium verschwunden, und es gibt keine Regeln oder Grenzen mehr. Plötzlich zeigt sich, dass der Fisch ein kleines Fischchen inmitten eines riesigen Ozeans ist.

In seiner Glasschale war der Fisch Herr der Lage. Es war ihm nicht bewusst, dass er in seiner eigenen kleinen Welt lebte. Wenn wir in das wahre Leben hineingehen, werden wir – vor allem am Anfang – das Gefühl haben, dass wir viel kleiner sind, als wir bisher dachten. Außerdem werden wir einen riesigen Ozean vorfinden, mit unbekannten Pflanzen und Tieren – all das kann uns einschüchtern und unsicher machen.

Der Fisch denkt sich vielleicht: „Ja, aber ... ich war doch der große Fisch in der kleinen Schale? Mit einem Mal soll die Schale nicht mehr mir gehören? Jetzt soll ich ein winzig kleines Fischchen in einem gigantischen Ozean sein. Was nun? Wo soll ich hin?“

Wenn Sie bereit sind, diese negativen Gefühle mit auf den Weg zu nehmen, werden Sie entdecken,
- dass Sie zwar auf einmal sehr klein sind, aber auch,
- dass Sie jetzt in der Lage sind, dorthin zu schwimmen, wo immer Sie hinwollen.

Und in dem Moment, in dem Sie anfangen, loszuschwimmen, fangen Sie an, zu *sein*. Sie stehen mitten im prallen Leben, das keine Einschränkungen mehr kennt. Wenn Sie bereit dazu sind, können Sie alles tun, was Sie eigentlich tun möchten. Wie bereits in Kapitel 6 besprochen, sind Erfahrungen im Hier und Jetzt der Grund dafür, warum Menschen sich und ihr

Leben als glücklich bezeichnen. Auch ein erfülltes Leben kennt Angst, Schmerz und Trauer. Wenn Sie bereit dazu sind, mit diesen Gefühlen in den Ozean einzutauchen, werden Sie sich in allem, was Sie tun, auf der Grundlage Ihrer Werte wiederfinden.

Das Selbst verändert sich je nach Situation

Ein Chamäleon kann immer wieder die Farbe ändern, je nach Situation. Genauso verhält es sich mit unserem Selbstbild. Menschen, die in Extremsituationen waren, berichten, dass sie in dem Moment das Gefühl hatten, jemand anderes zu sein. Dass sie über sich selbst hinausgewachsen sind und deshalb Dinge tun konnten, die sie nie für möglich gehalten hätten.

Wenn ich mit anderen Menschen über diese Sichtweise spreche, meinen manche, man würde auf diese Weise die Verantwortung für das eigene Tun auf die Umstände abwälzen und es sich damit sehr leicht machen. Dieses Argument kommt wiederum von unserem Verstand, der uns sagt, dass wir alles unter Kontrolle bekommen können, wenn wir nur hart genug dafür arbeiten. Dass das eine Illusion ist, ergibt sich aus der Tatsache, dass es uns in Wirklichkeit so gut wie nie gelingt, uns genau nach den Gesetzen und Vorgaben unseres Verstands zu verhalten. Sie müssen nicht mehr gegen die Umstände ankämpfen, wenn Sie akzeptieren, dass Sie eben nicht immer das sein und tun können, was Ihr Verstand von Ihnen verlangt.

Arbeitsblatt:
Momente, in denen ich sehr selbstsicher/
gar nicht selbstsicher war

Denken Sie einmal an einen Moment in Ihrem Leben zurück, in dem Sie etwas getan haben, was Sie selbst überraschte, einen Moment, in dem Sie sehr selbstsicher aufgetreten sind, etwas Außergewöhnliches geschafft haben oder ein Gefühl hatten, das Ihnen bis dahin unbekannt war. Schauen Sie sich diese Situation anschließend sehr genau an. Waren noch andere Menschen dort, und wenn ja, wer waren sie? Was haben Sie genau getan? Wo haben Sie das getan? Rufen Sie sich die Situation so detailliert wie möglich in Erinnerung.

Denken Sie jetzt an einen Moment, in dem Sie äußerst unsicher waren, und schauen Sie sich auch diesen Moment sehr genau an. Schreiben Sie Ihre Gedanken auf:

Ein Moment, in dem ich …	Was war das für eine Situation?
… auf einmal sehr selbstsicher war.	
… gar nicht selbstsicher war.	

Wodurch unterscheiden sich diese Situationen? Es ist dieser Unterschied, der Sie dazu veranlasst, sich anders zu verhalten. Wenn Sie erkennen, dass die Art und Weise, wie Sie sich der Außenwelt gegenüber verhalten, von der Situation abhängt, in der Sie sich in diesem Moment befinden, können Sie sich selbst mehr Raum geben. Sie können nicht ständig in höchstem Maße selbstsicher sein, und das ist auch gar nicht notwendig. Wenn Ihnen bewusst ist, dass Ihr Verhalten von der jeweiligen Situation abhängt, akzeptieren Sie damit, dass Sie nicht immer perfekt sein müssen. Damit bringen Sie auch zum Ausdruck, dass Sie als Person alles Mögliche gleichzeitig sind. Es kommt darauf an, welche Situation welchen Teil von Ihnen aktiviert. Wenn ich gefragt werde, ob ich selbstsicher oder eher schüchtern bin, lautet meine Antwort: *beides*. Und wenn man mich fragt, was von den beiden bei mir überwiegt, sage ich: *Das hängt von der Situation ab.*

Achtsamkeit anwenden, um Neues zu entdecken

Haben Sie schon einmal mindestens zehn Minuten lang eine Kuh aufmerksam betrachtet? Haben Sie schon einmal mit größtmöglicher Aufmerksamkeit eine Orange geschält? Haben Sie sich schon einmal in die Farben und Gerüche der Dinge in Ihrer Nähe vertieft?

Vielleicht kommt Ihnen das etwas gekünstelt vor, aber möglicherweise können Sie inzwischen schon besser nachvollziehen, was ich damit meine. Denn wenn Sie in das echte Leben hineingehen, können Sie sich selbst und alles um sich herum sehr direkt und ohne Bewertung erleben. Dadurch fallen Ihnen möglicherweise manche Dinge viel mehr auf. Ich selbst habe festgestellt, dass ich ein großer Fan von Regen geworden bin. Wenn ich meinen Verstand rattern lassen kann und mich *zugleich* völlig dem Gefühl hingebe, das der Regen auf meinem Gesicht erzeugt, merke ich, wie wunderbar Regen ist. Auch habe ich den Unterschied zwischen Wärme und Kälte schätzen gelernt. Mein Verstand ruft, dass ich nass werde, dass Kälte unangenehm ist und dass ich krank werde, wenn ich nicht aufpasse. Ich *habe* diese Gedanken, *und* ich erlebe.

Unsere Umgebung ist unsere Realität. Achtsamkeit können wir auf alle wahrnehmbaren Dinge in unserem Umfeld anwenden. Wenn wir uns die Zeit dafür nehmen und die Übungen zur Gewohnheit werden lassen, können wir überraschend viel Schönes in unserer unmittelbaren Umgebung finden. Es ist in diesem Zusammenhang wichtig, dass wir nicht zu schnell mit dem Sehen, Hören, Riechen oder Schmecken aufhören. Meist tritt die Wirkung der Achtsamkeit erst ein, wenn der Verstand sagt, jetzt wäre es aber wieder gut und wir hätten genug gesehen. Erst ab diesem Moment ist unser Verstand so weit, dass er mit dem Bewerten aufhört und wir beginnen, die Dinge *wirklich* zu betrachten.

Die kognitive Defusion weiterhin anwenden

Einer meiner Klienten war mit Engagement und Zielstrebigkeit dabei, die in der Therapie erlernten Methoden in seinem Leben umzusetzen. Er war auf einem guten Weg, wurde aber verunsichert durch den Umstand, dass sich die Therapiesitzungen langsam dem

Ende zuneigten. Er erzählte mir, dass er gern etwas in der Hinterhand hätte, eine Art Druckmittel, das ihn animieren sollte, am Ball zu bleiben, weil er befürchtete, es allein nicht zu schaffen.

Wir erkannten in dem Moment, dass sein Verstand sich ein neues Spielchen ausgedacht hatte. Der Gedanke, „dass er es allein nicht schaffen würde", wurde von seinem Verstand raffiniert verpackt. Aber worum ging es wirklich? Der Klient spürte Unsicherheit aufkommen. Das ist ein Gefühl aus dem Rucksack dieses Klienten, das er mitnehmen kann, während er weitergeht. Aber sein Verstand machte etwas anderes aus diesem Gefühl: den Wunsch nach einem (greifbaren) Druckmittel. Ich habe ihm vorgeschlagen, er solle sich tatsächlich einen passenden Gegenstand suchen, den er bei Bedarf zur Motivation und Sicherheit in die Hand nehmen kann.

Ihr Verstand wird weiterhin versuchen, Erfahrungen zu interpretieren. Es ist wichtig, dass Sie wachsam bleiben und sich nicht auf Abwege führen lassen. Stellen Sie sich Ihre Gedanken plastisch und bildlich vor. Wenn Sie zum Beispiel befürchten, sich selbst zu verlieren, wo würden Sie dann hingehen? Wenn Sie manchmal das Gefühl beschleicht, Sie würden sich am liebsten irgendwo verkriechen, wo würden Sie das dann tun? Übertragen Sie Ihre Gedanken in konkretes Verhalten. Versuchen Sie alles, was Sie denken, buchstäblich vor sich zu sehen.

Ich habe eine Freundin, die auf der Suche nach einem Partner ist und die mir erzählte, ihre Taktik sei es, zu spielen, dass sie „schwer zu kriegen" sei. Ich fragte sie, wie ich mir das vorstellen müsste. Ihre Antwort war: „Dann schicke ich einem Typen, der mir gefällt, keine Nachricht, sondern warte, bis er die Initiative ergreift." Mir wurde klar, dass „schwer zu kriegen" zu spielen dasselbe bedeutet wie „nichts zu tun". Sie widersprach diesem Eindruck heftig, denn sie war nach eigenem Dafürhalten dabei, den netten Typen anzubaggern. „Und wie machst du das genau?", fragte ich erneut. Es stellte sich heraus, dass sich die Aktivitäten, die sie nannte, hauptsächlich in ihrem Kopf abspielten.

Schön eingepackt in passende Worte können wir uns vormachen, dass wir eine Menge tun. In Wirklichkeit sieht das oft anders aus. Schauen Sie sich deshalb immer kritisch die Sprache Ihres Verstands an. Gehen

Sie, wenn es notwendig ist, mithilfe der kognitiven Defusion auf Abstand zu Ihren Gedanken und richten Sie sich auf echte, möglichst konkrete Erfahrungen aus.

Akzeptieren, was man nicht ändern kann

Nehmen Sie bewusst wahr, wenn Sie sich gedanklich oder im Gespräch mit anderen Menschen mit etwas auseinandersetzen, das Sie unmöglich ändern können. Wenn Sie meinen, zu klein oder zu groß zu sein, eine unschöne Nase oder zu kurze Beine oder zu große Füße zu haben, heißt das, Sie beschäftigen sich ernsthaft mit Gedanken zu etwas, das Sie nicht ändern können.

Wenn Ihr Verstand jetzt sagt, ich hätte leicht reden und ich wüsste ja nicht, wie sensibel dieses Thema für Sie ist, haben diese Gedanken offenbar immer noch viel Macht über Sie. Zweifelsohne spielt auch hier eine Vorstellung von Gerechtigkeit eine wichtige Rolle. Wir finden es oft ungerecht, dass wir – verglichen mit anderen Menschen – nicht dem allgemeinen Schönheitsideal entsprechen.

Wenn es um körperliche Merkmale geht, gibt es faktisch keine Gerechtigkeit. Wir werden mit einem bestimmten Paket an äußerlichen Merkmalen geboren, und damit müssen wir im Großen und Ganzen zurechtkommen. *Wenn wir alles akzeptieren, was wir nicht ändern können, gestehen wir uns ein, dass wir nicht die Macht haben, diese Dinge zu verändern.* Lesen Sie diesen Satz ein paar Mal durch, bevor Sie weiterlesen.

Es *ist* nicht fair und es *ist* nicht angenehm, wenn Sie denken, Sie seien hässlich. Und trotzdem sind es Ihre Urteile, die ein Problem daraus machen. Sie können diese Urteile weiter ernst nehmen, sich selbst herabwürdigen und Ihren selbstquälerischen Gefühlen suchthaft verbunden bleiben. Das ist erlaubt. Aber faktisch tun Sie gar nichts, und an Ihrem Aussehen ändert es auch nichts.

Arbeitsblatt:
Meine Ziele und Hindernisse, die ich auf meinem Weg vorfinden werde

Ihre Gedanken und Gefühle können Sie nicht ändern. Aufgrund von Erfahrungen ist die Festplatte Ihres Verstands mit allerlei Informationen vollgeschrieben. Auf andere Menschen haben Sie genauso wenig Einfluss. Sie werden immer wieder auf Menschen treffen, die sich Ihnen auf negative Art und Weise nähern. Wichtig ist, dass Sie einmal aufschreiben, was Sie alles nicht ändern können. Damit wissen Sie genau, worauf Ihre Bemühungen *nicht* abzielen sollten. Tragen Sie in der Tabelle ein, was Sie erreichen möchten, und sagen Sie voraus, welche Gedanken, Gefühle und sonstigen Hindernisse Sie auf Ihrem Weg vorfinden werden, die Sie alle nicht beeinflussen können. *Sie müssen sich nicht mit Dingen beschäftigen, die Sie nicht ändern können.*

Ziel	**Gedanken und Gefühle, die versuchen werden, mich davon abzuhalten**	**Andere Menschen und Umstände, über die ich keine Kontrolle habe**
Beispiel: *Mehr Selbstvertrauen gewinnen*	*Gedanken: Ich kann das nicht, ich bin eben nicht so cool, niemand findet mich toll usw.* *Gefühle: Schuld, Selbstvorwürfe, selbstquälerische Gefühle, Angst usw.*	*Bestimmte äußere Merkmale ..., meine Eltern, Menschen, die unfreundlich zu mir sind, außergewöhnliche Umstände im Alltag, wie Präsentationen halten müssen, Feste usw.*

Schauen Sie sich diese Tabelle aufmerksam an und machen Sie sich bewusst, von welchen Hindernissen hier die Rede ist. Überlegen Sie, ob Sie bereit sind, diese Hindernisse kampflos in Kauf zu nehmen. Vergleichen Sie es mit einem Medikament mit Nebenwirkungen. Man nimmt Nebenwirkungen in Kauf, weil man weiß, dass die Medizin letztlich nutzen wird. Die Nebenwirkungen sind da; auch der Arzt kann das nicht ändern. Wenn Sie einmal erkannt haben, dass Erfahrungen zu sammeln Ihr Medikament ist, sind Sie dann bereit, Gedanken, Gefühle und schwierige Umstände als Nebenwirkung zu akzeptieren, ohne sich dagegen zu wehren?

Ändern, was man ändern kann

Ist das Aussehen etwa nicht wichtig? Soll ich alles, was andere Menschen sagen, einfach über mich ergehen lassen? Wäre es dann nicht besser, gar nichts zu tun?

Die Antwort auf diese Fragen lautet immer „Nein", weil Akzeptanz keine passive Haltung ist. Gedanken, Gefühle und schwierige Umstände zuzulassen, ist ein Prozess des aktiven „Umarmens". Das bedeutet, Sie laufen *nicht* vor Dingen weg, die Sie nicht ändern können. Wenn Sie das akzeptieren, machen Sie den Weg frei, um sich der Dinge anzunehmen, die Sie wirklich ändern können.

In diesem Kontext kann Ihr Aussehen durchaus wichtig sein. Wenn Sie abnehmen möchten oder einen neuen „Look" für sich erfinden wollen, können Sie das tun, aber die Frage ist, ob es das ist, was Sie *eigentlich* wirklich wollen. Zu einem Ziel gehört eine entsprechende Lebensweise, die Ihnen den Weg weist. Wenn es Ihnen nicht gelingt, diesem Weg zu folgen, müssen Sie überlegen, ob

- Sie sich mit echtem Verhalten auseinandersetzen und mit Dingen, die Sie wirklich ändern können, oder ob Sie in Ihrem Kopf bleiben und sich mit Dingen beschäftigen, die Sie nicht ändern können,
- das anvisierte Ziel tatsächlich Ihr wahres Ziel ist. Machen Sie das, weil alle sagen, dass es besser für Sie ist, oder weil Sie es selbst wirklich wollen?

Beispiel

Wenn Sie Ihr äußeres Erscheinungsbild verändern möchten, dann machen Sie einen möglichst konkreten Plan, was geschehen soll. Stellen Sie sich vor den Spiegel und schreiben Sie die Dinge auf, die Sie gern anders hätten. Welche dieser Dinge können Sie tatsächlich selbst ändern? Wie lässt sich dieser Wunsch verwirklichen? Und (bitte ehrlich antworten): Sind Sie bereit, die Dinge zu tun, die Sie dafür tun müssen, trotz der Hindernisse, die sich Ihnen in den Weg stellen werden?

Ziel	Der Weg	Hindernisse
Abnehmen, andere Art von Kleidung kaufen, ein neuer Look	Sport machen, weniger und gesünder essen, Geld sparen, mich von Freunden oder Fachleuten beraten lassen, klar kommunizieren, was ich will und was nicht	Ich mag keinen Sport, habe keine Zeit dafür (auch nicht für gesunde Mahlzeiten), ich schäme mich, ich bin nicht gut darin, meine Interessen zu vertreten

Wir wissen an sich alle, was wir tun müssen, um bestimmte Ziele zu erreichen. Ich möchte deshalb nicht, dass Sie sich über irgendwelche Ziele selbst belügen, wenn Sie insgeheim schon wissen, dass Sie nicht bereit sind, den Weg, der zu diesem Ziel führt, zu gehen.

Vermutlich kommt jetzt Ihr Verstand in Aufruhr und erklärt, „dass Sie das ja schon so oft versucht haben“ und „dass das bei Ihnen nicht so einfach ist, weil Sie schließlich schon ein Leben lang mit Ihrem Gewicht kämpfen“. Was Ihr Verstand hier eigentlich sagt, ist: „Ich bin nicht dazu bereit, mein Leben so grundsätzlich neu auszurichten, um dieses Ziel erreichen zu können.“ Die Frage ist und bleibt, ob Sie bereit sind, diese Gedanken und Gefühle des Widerstands hinzunehmen *und* gleichzeitig Änderungen in Ihrem Leben vorzunehmen.

Bewusste Entscheidungen treffen

Schauen Sie sich Ihre Ziele an, beschreiben Sie den Weg, der zu diesen Zielen führt, nennen Sie die Hindernisse, die Sie erwarten, und treffen Sie jetzt bewusst die Entscheidung, ob Sie diesen Weg gehen werden oder nicht. Auch wenn Sie keine Entscheidung treffen, so ist dies auch eine Entscheidung. Dann entscheiden Sie sich für die Konsequenzen der Tatsache, dass Sie die Dinge nicht tun. Sie müssen nichts ändern, wenn Sie bereit sind, die entsprechenden Konsequenzen zu tragen. Es gibt viele Menschen, die lieber allein sind und bewusst nicht das tun, was sie eigentlich gern tun würden, weil sie „es prima finden, so wie es ist." Das geht und das kann man machen, aber treffen Sie diese Entscheidung dann bewusst und seien Sie bereit, die Konsequenzen dieser Entscheidung zu tragen. Stellen Sie sich vor, Sie würden für den Rest Ihres Lebens in dieser Situation bleiben und Sie würden auf dem Sterbebett liegend auf Ihr Leben zurückblicken. Was würden Sie sagen: Haben Sie so gelebt, wie Sie es wirklich wollten? Das klingt vielleicht wie eine Fangfrage, aber letztlich trifft es das. Vermeidung sorgt für Aufschub, und Aufschub sorgt am Ende für Nichtstun. Sie haben jetzt alle Werkzeuge, die Ihnen helfen können, in die Gänge zu kommen, in der Hand. Nun gilt es, sich zu entscheiden.

Die Frage, „wie man leben möchte", ist nicht leicht zu beantworten. Oft findet man die wahre Antwort auf dem Umweg über die Frage, „wie man sterben möchte". Das Leben kann einem wie eine unverbindliche Angelegenheit erscheinen, bis man mit dem Tod konfrontiert wird. Ihr Verstand wird um Aufschub und Vermeidung bitten, aber der Tod wird nicht warten, bis Sie sich auf den Weg machen. Führen Sie sich vor Augen, was Sie noch alles tun wollen, bevor Sie sterben, und treffen Sie dann Ihre Wahl.

Eine fruchtbare Umgebung finden

Da Sie ja nun wissen, wie sehr die Umstände Ihr Verhalten beeinflussen können, können Sie das zu Ihrem Vorteil nutzen, indem Sie Ihre aktuelle Situation bewusst mit einkalkulieren.

> Vor einem halben Jahr entdeckte ich, dass ich in einer seltsamen Lebensphase angekommen war. Es fühlte sich so an, als stünde ich als

Beobachter an der Seitenlinie meines Lebens; als gehörte ich nirgends mehr wirklich dazu. Es hat etwas gedauert, bis ich herausfand, wie es dazu kam, dass ich mich auf einmal so allein fühlte. Als ich mir die Umstände anschaute, in denen ich lebte, und die Änderungen, die innerhalb kurzer Zeit stattgefunden hatten, ergab sich folgende Bilanz:

- Ich war wegen der Arbeit ein halbes Jahr in einer anderen Stadt gewesen. Dadurch hatte ich wenig Zeit, meine Kontakte an meinem eigentlichen Wohnort zu pflegen. Und jetzt, da ich wieder zurück bin, sehe ich die Menschen aus der anderen Stadt auch nicht mehr.
- Da ich eine Weile weg war, habe ich mein Abo vom Fitnessstudio gekündigt. Viele Menschen, die ich von dort kannte, sah ich dadurch nicht mehr.
- Ich bin umgezogen. Dadurch treffe ich viele Menschen aus meinem alten Viertel nicht mehr.

Auf einmal verstand ich, wie das alles zusammenhing. Zusammengezählt kam ich auf vierzig Leute, die ich durch die veränderten Umstände auf einmal nur noch selten oder gar nicht mehr traf. In Anbetracht der Umstände war es also nur logisch, dass ich mich einsam fühlte.

Diesen Gedanken können Sie auch umdrehen. Wenn man mehr soziale Kontakte haben möchte, sucht man sich Umstände, die die Chance, neue Menschen kennenzulernen, mit sich bringen. In meinem Fall machte ich Folgendes:

- Ich habe Kontakt zu meinen neuen Nachbarn geknüpft.
- Ich gehe mit einer Freundin jeden Dienstag schwimmen, ohne Wenn und Aber. Wenn sie absagt, gehe ich trotzdem. Selbst wenn es in Strömen regnet, gehe ich!
- Ich habe an der Universität an diesem Buch weitergeschrieben, obwohl ich das genauso gut zu Hause hätte tun können. Wenn ich tagsüber an dem Buch arbeitete, war ich unter Menschen.
- Wenn ich mich mit niemanden verabreden konnte, ging ich allein in eine Kneipe in der Nähe. Zum Lesen oder einfach nur, um vor mich hin zu starren. Gedanken, was andere wohl von mir denken könnten, nahm ich als selbstverständlich in Kauf.

Mein eigener „sozialer Plan“ war geboren. Wie Sie lesen können, habe ich nicht versucht, alles Mögliche zu bewegen, um neue Menschen kennenzulernen. Wenn man das versucht, wirkt das oft erzwungen, und man erreicht nichts. Es geht darum, dass man sich selbst in eine Umgebung begibt, in der die Wahrscheinlichkeit, Leute kennenzulernen (oder was immer Ihr Ziel sein mag) zunimmt. Wenn man dann geduldig warten kann, passiert oft, wie von selbst, etwas Neues. Überlegen Sie deshalb genau, welche Umgebung am besten zu Ihren Zielen passt, und suchen Sie diese Umgebung aktiv auf.

Zusammenfassung

Wir Menschen stellen uns oft vor, dass wir uns zwischen Extremen entscheiden müssen. Dabei können Extreme in der Realität oft sehr gut nebeneinander existieren. Da wir oft so sehr in Gedanken versunken sind, kommen wir fast nicht mehr zum wahren Leben. Wichtig ist, dass wir uns als menschliche Wesen (mit Stärken und Schwächen) annehmen, anstatt uns von unserem Perfektionismus leiten zu lassen. Da Ihr Verstand jetzt nicht mehr zwischen Ihrem wahren Wesen und Ihrem tatsächlichen Verhalten steht, können Sie nun Ihre Pläne, die zu einem wertebasierten Verhalten beitragen, umsetzen. Achten Sie dabei auf die Hindernisse, die Ihr Verstand Ihnen in den Weg legt. Die Macht des Verstands einzuschränken, ist eng verbunden mit dem Loslassen des Egos. Sie akzeptieren die Rolle äußerer Umstände, indem Sie sich nur noch mit Dingen beschäftigen, die Sie tatsächlich ändern können. Nutzen Sie auf Ihrem Weg die Methoden der kognitiven Defusion und der Achtsamkeit und erleben Sie, dass Sie dann weniger Unebenheiten und Schlaglöcher auf dem Weg vorfinden werden. Wenn Sie sich bewusst dafür entscheiden, Ihr wahres Wesen sprechen zu lassen und Ihre Umgebung so zu nutzen, dass Sie Ihren Zielen dient, werden Sie wirklich empfinden, dass Sie LEBEN!

Tipps und Aufgaben

- Verwenden Sie dieses Buch in der kommenden Zeit als Nachschlagewerk. Sie werden feststellen, dass das Anwenden verschiedener Strategien und Methoden nicht automatisch zur Gewohnheit wird und dass Sie deshalb noch öfter auf frühere Kapitel zurückgreifen werden müssen.

- Akzeptieren Sie die Tatsache, dass Sie als Mensch fehlbar sind, gerade in Momenten, wenn Sie meinen, etwas nicht so optimal gemacht zu haben. Wenn Sie merken, dass Ihr Verstand Sie negativ bewertet, schreiben Sie dies auf und entdecken Sie, wie Ihre Gedanken Sie glauben lassen wollen, dass Sie ein Superheld bzw. eine Superheldin sein müssen.
- Gehen Sie in die Welt hinaus! Machen Sie neue Erfahrungen, finden Sie sich selbst in den Erfahrungen wieder.
- Beachten Sie, dass Situationen Ihr Verhalten beeinflussen können, und suchen Sie aktiv Situationen auf, die zu Ihren Zielen passen.
- Halten Sie die Erinnerung an die Gedanken und Ideen aus diesem Buch lebendig.

Das nächste und letzte Kapitel beschäftigt sich mit der Frage, wie wir uns selbst in der Außenwelt präsentieren und wie wir am besten zeigen können, wer wir wirklich sind – damit wir aus unserer Umgebung auch das zurückbekommen, was wir eigentlich gern hätten.

9 Zeigen Sie, wer Sie sind

Wie wir uns öffentlich präsentieren, hängt im Großen und Ganzen davon ab, wie wir uns selbst sehen (gemeint ist damit die Gesamtheit Ihrer Überzeugungen und Glaubenssätze: „Ich bin …“). Wir versuchen, uns davor zu schützen, zurückgewiesen zu werden. Dafür gibt es verschiedene Möglichkeiten. Erkennen Sie sich in einer dieser Strategien wieder?

- Sich selbst als langweilig darstellen, als jemanden, der keine Menschen an sich binden kann und nicht in der Lage ist, eine Beziehung länger als drei Monate aufrechtzuerhalten.
- Eine negative Haltung anderen gegenüber einnehmen, sich übertrieben kritisch und distanziert geben, nach außen sichtbar durch verschränkte Arme und eine geschlossene Körperhaltung.
- Den Unterhalter geben, viele Witze erzählen und alle ernsten Gesprächsthemen weglachen.
- Keinen Blickkontakt herstellen und Ablenkung suchen, durch Blicke zum Glas, zum Smartphone oder zur Kleidung.
- Seine positiven Seiten hervorheben und voller Selbstvertrauen erzählen, was man alles getan und erreicht hat. Nur solche Themen anschneiden, über die man viel weiß.
- Komplimente wegwischen, selbst keine Komplimente aussprechen, andere auf ihre negativen (äußeren) Merkmale hin bewerten oder seine eigenen negativen (äußeren) Merkmale hervorheben.
- Sich ausgesprochen hilfsbereit zeigen, die Probleme anderer gerne lösen wollen. Das Gespräch dreht sich nur um die andere Person.

Wir bemühen uns alle – bewusst und unbewusst –, einen bestimmten Eindruck bei anderen Menschen zu hinterlassen. Diese sogenannte „soziale Rolle“ bewirkt, dass wir bestimmte Menschen anziehen und andere Menschen abstoßen. Die Frage ist, ob die Rolle, die Sie spielen, geeignet ist, die Menschen anzuziehen, die Sie auch tatsächlich in Ihrem Leben haben wollen.

Die meisten von uns stecken in einer bestimmten Rolle fest, wodurch sie immer wieder dieselben Fehler wiederholen. Menschen, die immer wieder den falschen Partner oder die falsche Partnerin treffen, haben oft das Gefühl, ein Opfer der Umstände zu sein. Oft erkennen sie nicht, dass sie mit ihrer eigenen sozialen Rolle genau den Menschen anziehen, den sie eigentlich nicht anziehen wollen.

Dieses Buch fing mit dem Gedanken an, dass wir nur einen sehr kleinen Ausschnitt unserer Realität wahrnehmen und aktiv Dinge aus unserer Umgebung herausfiltern. Wenn wir meinen, immer den falschen Menschen zu begegnen, stecken wir in unserer eigenen sozialen Rolle fest und erschaffen uns damit unsere eigene Wirklichkeit.

Was ist Ihre Rolle?

Wenn Sie herausfinden wollen, was Ihre soziale Rolle ist, ist es wichtig, dass Sie sich einmal bewusst machen, wie Sie sich in verschiedenen Situationen verhalten. Wie verhalten Sie sich, wenn Sie allein sind? Und wie, wenn Sie mit Ihrem Partner oder Ihrer Partnerin zusammen sind oder der besten Freundin oder dem besten Freund? Diese Beobachtungen sind eine gute Informationsquelle über Ihre soziale Rolle. Wenn wir vollkommen wir selbst sein können, verhalten wir uns oft anders als in einer Gruppe mit unbekannten Menschen.

Arbeitsblatt:
Eigenschaften, die ich selbst bei mir wahrnehme

Kreisen Sie die Eigenschaften ein, die zu Ihnen gehören, wenn Sie ganz Sie selbst sein können:

In Momenten, in denen ich vollkommen ich selbst sein kann, verhalte ich mich/bin ich …

ruhig	fröhlich	passiv	positiv
lebhaft	dominant	unterwürfig	negativ
abwartend	redselig	offen	selbstsicher
direkt	schüchtern	verschlossen	bewertend
distanziert	aggressiv	lustig	lieb
anhänglich	unsicher	ernsthaft	tolerant
arrogant	ehrgeizig	faul	nervös
aktiv	lässig	einfühlsam	unsensibel
stark	nett	still	kreativ

Versuchen Sie, so ehrlich wie möglich zu sein. Jeder Mensch darf auch negative Eigenschaften haben, und dabei ist nicht die Frage, ob derjenige gerade gut mit sich umgeht oder sich selbst sehr kritisch sieht. Außerdem sind diese Eigenschaften keine absoluten Wahrheiten, wie Sie ja bereits wissen.

Wie werden Sie von anderen gesehen?

Jetzt geht es um Ihre soziale Rolle. Da Sie diese Rolle schon so lange spielen, ist es sehr schwierig für Sie selbst, diese Rolle zu identifizieren. Sie brauchen nun die Hilfe von drei anderen Personen. Wählen Sie Menschen, die Ihnen nicht allzu nahestehen, vielleicht Menschen, die Sie von Partys oder anderen sozialen Situationen kennen: eine Arbeitskollegin, ein Bekannter aus dem Sportverein usw. Sie müssen ihnen nicht erläutern, worum es geht, tun Sie es einfach!

Arbeitsblatt:
Eigenschaften, die andere Personen bei mir wahrnehmen

Bitten Sie die ausgewählten Personen, sich dieselbe Liste anzusehen und dabei die Eigenschaften einzukreisen, die ihrer Meinung nach auf Sie zutreffen. Bitten Sie sie außerdem, so ehrlich wie möglich zu sein.

In Momenten, in denen ich vollkommen ich selbst sein kann, verhalte ich mich/bin ich ...

ruhig	fröhlich	passiv	positiv
lebhaft	dominant	unterwürfig	negativ
abwartend	redselig	offen	selbstsicher
direkt	schüchtern	verschlossen	bewertend
distanziert	aggressiv	lustig	lieb
anhänglich	unsicher	ernsthaft	tolerant
arrogant	ehrgeizig	faul	nervös
aktiv	lässig	einfühlsam	unsensibel
stark	nett	still	kreativ

Arbeitsblatt:
Wie sehe ich mich selbst, und wie werde ich von anderen gesehen?

Schreiben Sie nun in einer Tabelle in die erste Spalte, wie Sie sich verhalten, wenn Sie vollkommen Sie selbst sein können, und in die zweite Spalte, wie andere Sie sehen.

Wie ich mich verhalte, wenn ich vollkommen ich selbst sein kann (die eingekreisten Eigenschaften aus der ersten Liste)	**Wie andere mein Verhalten wahrnehmen (die Eigenschaften aus den Listen, die drei andere Personen bearbeitet haben)**

Gibt es Unterschiede? Meistens ergeben sich ein oder mehrere Unterschiede, die als Überraschung empfunden werden. Bei mir kommt es oft vor, dass die Leute denken, ich sei sehr offen, lässig und selbstsicher, wobei sich das meiner Meinung nach sehr in Grenzen hält. Nehmen Sie wahr, welche Unterschiede es zwischen Ihren eigenen Angaben und den Angaben der anderen Personen gibt. Belassen Sie es nicht bei den drei Personen, die Sie bereits angesprochen haben. Suchen Sie das Gespräch mit weiteren Menschen aus Ihrem sozialen Umfeld und entdecken Sie, wie Sie auf andere wirken.

Ja, aber … das Selbst ist doch nicht in jeder Situation gleich?

Das ist richtig, und das wird auch so bleiben. Wenn Sie aber wissen, wie Sie auf andere Menschen wirken, können Sie entsprechend handeln. Wenn Sie bereit sind, auch in diesem Punkt alte Gewohnheiten hinter sich zu lassen, können Sie künftig Signale aussenden, die dafür sorgen, dass Sie andere Menschen anziehen.

Weil die Leute immer denken, ich sei so offen, lässig und selbstsicher, ziehe ich Menschen an, die glauben, dass ich wirklich so bin. Das sind im Allgemeinen ...

- Menschen, die entweder selbst über ein gutes Maß an Selbstvertrauen verfügen oder die sich an meinem Selbstvertrauen hochziehen wollen,
- dominante, lässig-coole, arrogante und eher weniger einfühlsame Menschen,
- Menschen, die mich nichts fragen, weil sie davon ausgehen, dass es mir bestimmt gut geht,
- Menschen, die nicht damit umgehen können, dass auch ich Momente habe, in denen es mir nicht gut geht.

Menschen, die aufgrund des Eindrucks, den ich hinterlasse, einen großen Bogen um mich machen, sind Menschen, die ...

- schüchtern, ruhig, einfühlsam, still, lieb und anhänglich sind.

Wenn ich vollkommen ich selbst sein kann, bin ich ...

- ruhig,
- einfühlsam,
- still,
- lieb,
- anhänglich.

Ja, okay, um ehrlich zu sein: oft auch noch schüchtern. Ich bin ganz schön erschrocken, als ich diese Liste zum ersten Mal selbst erstellt habe. Menschen mit ähnlichen Eigenschaften scheinen sich im Allgemeinen wohl miteinander zu fühlen und gut zueinander zu passen. Dass sich Gegensätze anziehen, ist inzwischen wissenschaftlich widerlegt. Und so vertreibe ich mit meiner sozialen Rolle also genau jene Menschen, die sehr gut zu mir passen würden.

Wie sieht es aus, wenn Sie nun Ihre eigenen Erfahrungen in dieses Beispiel übertragen? Welche Art von Menschen ziehen Sie an – basierend darauf, was andere über Sie denken? Welche Art von Menschen macht eher einen großen Bogen um Sie? Sind das vielleicht gerade die Menschen, die dem ähneln, was Sie wirklich sind? In diesem Fall können Sie sich selbst dazu anleiten, eine neue Welt zu entdecken – voller Menschen, die zu der Person passen, die Sie wirklich sind.

Bewusst registrieren, was Sie tun

Bevor Sie sich für Menschen öffnen können, die besser zu Ihnen passen, müssen Sie sich zuerst im Klaren darüber sein, welche Signale Sie genau aussenden.

Arbeitsblatt:
Wie ist es zu erklären, dass ich so auf andere Menschen wirke?

Wie ist es zu erklären, dass ich so offen, lässig und selbstsicher rüberkomme? Wahrscheinlich, weil ich …

- *in Gruppen öfter sehr laut und dominant sein kann,*
- *meine Unsicherheit verberge, indem ich darüber rede, was ich in meinem bisherigen Leben alles erreicht habe,*
- *von Natur aus einen ziemlich festen, entschlossenen Blick habe (sagt man),*
- *es gewohnt bin, die Rolle des Therapeuten einzunehmen und das manchmal auch in meinem Privatleben mache (wenn Menschen mit Problemen zu mir kommen),*
- *eigentlich ziemlich verschlossen bin und meine verletzlichen Seiten nicht so leicht zeige,*
- *einen ziemlich breiten Körperbau habe,*
- *es unbewusst verstehe, mich sehr selbstsicher zu geben.*

Erstellen Sie selbst eine solche Liste:

Wie ist es zu erklären, dass ich so auf andere Menschen wirke?

1. ______________________________

2. ______________________________

3. ______________________________

Seien Sie offen und ehrlich und lassen Sie sich von Ihren Freunden, Ihrer Familie und Ihrem Partner oder Ihrer Partnerin unterstützen, damit die Liste so vollständig wie möglich wird. Und: Nehmen Sie es nicht zu schwer! Es ist nur eine Rolle, die Sie spielen, die nicht so wahnsinnig viel darüber aussagt, wer Sie wirklich sind. Nennen Sie auch in dieser Aufzählung nur konkrete Verhaltensweisen.

In den nächsten Wochen wird diese Liste Ihr „Reiseführer" sein. Tragen Sie die Liste immer bei sich und machen Sie sich bewusst, wann immer Sie Ihre soziale Rolle spielen. Versuchen Sie nicht, etwas zu verändern, sondern nehmen Sie nur wahr, wann immer Sie sich so verhalten, dass andere Menschen einen falschen Eindruck von Ihnen vermittelt bekommen.

Versuchen Sie nicht, andere Menschen zu ergründen

Leider können Sie nicht genau feststellen, wie andere Menschen ticken. Jeder Mensch hat seine eigene soziale Rolle. Das ist nicht unbedingt eine erfreuliche Erkenntnis, aber eine wichtige. Sie können nie genau wissen, wie jemand wirklich ist, bis Sie die Person besser kennenlernen. Kommen Sie gar nicht erst in Versuchung, *gedanklich* analysieren zu wollen, wie jemand in Wirklichkeit ist. Das schaffen noch nicht einmal die besten Psychologinnen und Psychologen.

Arbeitsblatt:
Eigenschaften der Menschen, die ich gern um mich hätte

Welche Eigenschaften haben die Menschen, die Sie gern um sich hätten? Meist sind das Eigenschaften, die Sie selbst haben, und zwar dann, wenn Sie ganz Sie selbst sein können.

____

____

____

____

____

Was Sie durchaus tun können, ist
- sich auf Hinweise zu verlassen, die Ihnen die Menschen selbst geben,
- gezielte Fragen zu stellen, und
- die richtigen Umstände zu schaffen.

Beginnen Sie jetzt mit Ihren Beobachtungen, und nehmen Sie es bewusst wahr, wenn Sie auf Menschen treffen, die sich entsprechend dieser Eigenschaften verhalten. Wenn Sie ganz bewusst auf entsprechende Signale bei anderen Menschen achten, können Sie schon allein dadurch feststellen, dass sich etwas verändert. *Denn wenn Sie wissen, welche Eigenschaften Sie bei anderen suchen, werden Sie auf Dauer andere Menschen unbewusst danach auswählen.* Das heißt, Sie werden ganz automatisch anfangen, Menschen, auf die Sie normalerweise positiv reagieren, weniger interessant zu finden.

Wenn Sie dann mit jemandem in Kontakt kommen, von dem Sie annehmen, dass er oder sie die Eigenschaften hat, die auch zu Ihrem wahren Wesen gehören, können Sie dieser Person ein paar direkte und gezielte Fragen stellen und so nebenbei Ihr Schamgefühl und Ihre Unsicherheit vorübergehend außer Kraft setzen. Es geht um Fragen, die erkunden wollen, wie jemand wirklich ist – sehr direkte Fragen, die aber Muster durchbrechen können, wenn man sich traut, sie zu stellen:
- Wie bist du, wenn du allein bist? (Wie sind Sie, wenn ...)
- Du wirkst, als wärst du sehr ... Bist du wirklich so, oder liegt das an der Situation? (Sie wirken ...)
- Wie würdest du dich selbst in fünf Worten beschreiben? (Wie würden Sie sich ...)
- Wie würde dein bester Freund oder deine beste Freundin dich beschreiben? (Wie würde Ihr bester Freund ...)

Sorgen Sie dafür, dass Sie, wenn Sie jemanden wirklich näher kennenlernen wollen, allein mit dieser Person reden. Sie können die Person zur Seite nehmen, damit der Einfluss der sozialen Rolle, die Sie beide spielen, weniger stark ist. So nebenbei kann ich Ihnen keinen Schnellkurs im „Flirten" geben, aber ich möchte hervorheben, dass Sie ziemlich schnell herausfinden können, ob jemand wirklich zu Ihnen passt oder nicht, wenn Sie die richtigen Fragen stellen.

Wahre Ich-Botschaften senden

Wenn Sie verstanden haben, wie Sie auf andere Menschen wirken, können Sie die Wirkung bewusst mit einkalkulieren und mit konkretem Verhalten kompensieren. Wahre Ich-Botschaften auszusenden meint, sich so zu verhalten, wie Sie es innerhalb Ihrer sozialen Rolle nicht tun. So können Sie zum Beispiel in einem Gespräch schon bald einfließen lassen, dass Sie vermutlich rüberkommen wie jemand, der ..., dass Sie in Wirklichkeit aber jemand sind, der ... In meinem Fall erzähle ich – wenn ich neue Leute kennenlerne – oft buchstäblich, dass sie bloß nicht denken sollen, ich würde keine Zweifel kennen, und sage, dass ich viel weniger selbstsicher bin, als es den Anschein haben mag. Und dass ich eigentlich ein ziemlich ruhiger Typ bin, auch wenn ich in Gruppen sehr dominant wirken kann.

Wenn ich Ihnen das so erzähle, würde es mich nicht wundern, wenn Sie denken, dass ich mich auf diese Art doch ziemlich verletzlich zeige und dass ich schon nach kurzer Zeit viel von mir preisgebe. Ich bin allerdings der Meinung, dass man sich selbst nicht gerecht wird, wenn man nicht zeigt, wer man ist. Die Kehrseite der Tatsache, dass wir alle versuchen, perfekt zu erscheinen, ist, dass wir uns so nie wirklich erreichen. Außerdem verpasst man viele tolle Menschen, wenn man die falschen Botschaften aussendet.

Mir ist es lieber, dass andere mich aufgrund dessen, wer ich wirklich bin, beurteilen und nicht anhand der Rolle, die ich spiele. Die Menschen, die in Ihrem Leben letztlich wirklich wichtig sind, sind die Menschen, die Sie so schätzen, wie Sie sind, wenn Sie ganz Sie selbst sein können. Was Sie mit den Gedanken und Gefühlen der Angst, der Scham und des Widerstands tun können, wissen Sie ja inzwischen. Die Frage ist, ob Sie für den Rest Ihres Lebens eine soziale Rolle spielen wollen oder ob Sie bereit sind, zu experimentieren.

Zusammenfassung

Um zu vermeiden, dass wir von anderen zurückgewiesen werden, spielen wir oft eine sogenannte soziale Rolle. Aus diesem Grund verhalten wir uns in sozialen Situationen häufig ganz anders, als wenn wir allein sind. Wenn wir nachforschen, wie anders wir uns in diesen unterschielichen Situationen verhalten, können wir gut erkennen, welche Menschen wir mit diesem Verhalten anziehen und welche wir damit abstoßen. Wenn wir andere Menschen für uns gewinnen wollen, können wir gezielte Fragen stellen und wahre Ich-Botschaften aussenden.

Tipp

- Lassen Sie sich Zeit. Als ich selbst anfing, mit diesen Gedanken zu experimentieren, hat es zwei Monate gedauert, bis sich wirklich etwas änderte. Bleiben Sie am Ball: Stellen Sie Ihre soziale Rolle weiterhin auf den Prüfstand. Machen Sie sich bewusst, wie Sie sind, wenn Sie einfach Sie selbst sein können, und fragen Sie sich, was Sie genau bei anderen Menschen suchen. Dann werden Sie mit der Zeit die Menschen finden, auf die Sie vorher nicht zugegangen wären.

Zu guter Letzt

Ich hoffe, Sie haben sich auf den Weg gemacht und erkennen bereits erste Konturen Ihres wahren Wesens. Ein paar Dinge, mit denen Sie eventuell zu tun bekommen, möchte ich gern noch erwähnen.

Rückfall

Falls Sie Angst vor einem Rückfall haben, schauen Sie sich dann zuerst einmal das Wort „Rückfall“ kritisch an. Wie bei meinem Klienten, der ein Druckmittel suchte, um am Ball zu bleiben, ist ein Rückfall eine Vorstellung, die unser Verstand kreiert. Im Grunde genommen können Sie überhaupt nicht zurückfallen, weil das bedeuten würde, die Zeit zurückzudrehen. Auch wenn sich alte Gewohnheiten wieder einschleichen sollten, befinden Sie sich immer noch in einer neuen Situation. Lassen Sie sich nicht von Gedanken und Gefühlen der Unsicherheit irritieren. Ab jetzt ist alles anders, weil Sie verschiedene Strategien und Methoden an der Hand haben, die Sie vorher nicht kannten. Auch wenn sich alte Gewohnheiten wieder manifestieren sollten, sind Sie als Person nicht mehr da, wo Sie vorher waren.

Andere Menschen leben weiterhin nach den Gesetzen ihres Verstands

Nicht alle Menschen werden Sie verstehen können. Viele sind nach wie vor „Sklaven ihres Verstands“ und werden nicht ohne Weiteres akzeptieren oder nachvollziehen können, warum Sie tun, was Sie eigentlich tun wollen. Akzeptieren Sie, dass andere Menschen ihre eigenen Regeln haben. Möglicherweise fällt Ihnen nun verstärkt auf, wie viele Menschen mit ihrem eigenen Kopfkino beschäftigt sind. Mittlerweile haben Sie sich davon distanziert und lassen sich nicht zu Diskussionen hinreißen. Wenn andere von Ihnen wissen wollen, wie Sie das gemacht haben, müssen sie es selbst erleben.

Es ist besser, sich zu verirren, als in alten Mustern hängenzubleiben

Wahrscheinlich wird es Ihnen nicht gelingen, das neu Erlernte in naher Zukunft vollständig zu beherrschen. Das liegt daran, dass ACT mehr eine Art zu leben ist und weniger eine Trickkiste, aus der man sich bedient. Anfangs haben viele Menschen das Gefühl, dass sie sich verirren und erst wieder zurückgehen müssen, um herauszufinden, wer sie im Grunde genommen sind. Je mehr Sie jedoch bereit sind, sich selbst und alles um Sie herum unmittelbar und im Hier und Jetzt zu erleben, desto bunter und reicher wird Ihr Leben mit der Zeit.

Ich hoffe zutiefst, dass ich Ihnen mit diesem Buch einen kleinen Anschub in Richtung eines vollständig *erlebenden* Lebensstils geben konnte: Auf dass Sie Ihren Gedanken, Gefühlen und Umständen für immer mit Akzeptanz begegnen mögen!

Ich möchte mit einem kleinen Gedicht enden.

Dat je mag verdwalen;
Oude en nieuwe talen
Mag bundelen tot de Jouwe.

De Jouwe; jouw regen.
Sneeuw met een zacht accent.
Verdwalen met de zegen
Van wat je straks herkent.

Dat je mag verdwalen
En mag vinden wie je bent.

(Übersetzung: Dass Sie herumirren dürfen; alte und neue Sprachen zu Ihrer zusammenfügen dürfen. Ihre Sprache; Ihr Regen. Schnee mit einem leichten Akzent. Sich verirren mit dem Segen der künftigen Erkenntnis. Dass Sie herumirren dürfen und finden dürfen, wer Sie sind.)

Danksagung des Autors zur niederländischen Originalausgabe

Ich möchte mich gern bei einigen Menschen bedanken, an allererster Stelle bei meinen Klientinnen und Klienten. Viele Menschen, die angefangen haben, mit der Akzeptanz- und Commitment-Therapie (ACT) zu arbeiten, haben gemerkt, dass es ihnen schwergefallen ist, ihre eigene Identität zu erfahren. Durch die vielen Gespräche, die ich mit meinen Klientinnen und Klienten darüber geführt habe, habe ich zu dieser hier dargestellten Form der Anwendung von ACT finden können.

Weiter bedanke ich mich beim Thema Verlag, der mir die Möglichkeit geboten hat, nicht nur diesem Buch, sondern auch meinem ersten Buch *Denk wat je wilt, doe wat je droomt* ein verlegerisches Zuhause zu geben. Die Zusammenarbeit erlebe ich als höchst wertvoll.

Meine ganz besondere Wertschätzung möchte ich Hubert de Mey aussprechen. Er ist mein großer Mentor und hat mir alles angereicht, was ich heute zu diesem Thema weiß. Lieber Hubert, ganz herzlichen Dank für deine Supervision und deine Freundschaft. Ohne dich hätte ich dieses Buch nicht schreiben können.

Steven Hayes ist der Begründer der Akzeptanz- und Commitment-Therapie (ACT). Diese relativ junge Therapieform hat bereits viele Anhänger. Die Psychologinnen und Psychologen, die mit der ACT arbeiten, haben gemeinsam vereinbart, dass jeder Therapeut und jede Therapeutin die ACT frei verwenden können soll. Auf diese Weise können sich neue Techniken schnell innerhalb der Therapiewelt verbreiten. Steven Hayes möchte ich für seine sehr persönliche Art, wie er mich und andere ACT-Therapeuten und -Therapeutinnen auf der ganzen Welt unterstützt, danken.

2006 habe ich zusammen mit Monique Samsen eine eigene Firma gegründet, die auf der Grundlage der Methodik, wie sie in diesem Buch vorgestellt wird, verschiedene Trainingseinheiten und Seminare anbietet. Gemeinsam erweisen wir uns als ein sehr starkes und eingespieltes Team. Liebe Kollegin und gute Freundin, du bist eine Quelle der Unterstützung und Inspiration für mich und vor allem auch für unsere Klientinnen und Klienten. Danke für all das Gute bisher und natürlich für die wunderbaren Illustrationen in diesem Buch.

Zum Schluss möchte ich meinen Eltern und meinen guten Freunden Guus, Eva, Irene, Bert und Laura dafür danken, dass sie mich bei allem, was ich tue, immer unterstützen. Egal, wie groß oder seltsam meine Pläne auch sein mögen, Ihr sorgt immer dafür, dass ich selbst an die Machbarkeit meiner Träume glaube. Dass einer dieser Träume nun wahr geworden ist, verdanke ich unter anderem Euch.

Gijs

Literatur

Zitierte Literatur

Hayes, S.C. & Smith, S. (2007). *In Abstand zur inneren Wortmaschine. Ein Selbsthilfe- und Therapiebegleitbuch auf der Grundlage der Akzeptanz- und Commitment-Therapie (ACT)*. Tübingen: dgvt-Verlag. (Original erschienen 2005: Get out of your mind & into your life. The new Acceptance and Commitment Therapy)

Jansen, G. (2015). *Denk, was du willst – wage, was du träumst. Die Akzeptanz- und Commitment-Therapie für ein Leben in Freiheit und Selbstvertrauen*. Freiburg: Arbor. (Original erschienen 2007: Denk wat je wilt, doe wat je droomt: op weg naar een waardevol leven)

Jansen, G. (2020). *Achtsam durch den Tag. Ein Fächer mit mehr als 30 alltagstauglichen Übungen*. Göttingen: Hogrefe. https://doi.org/10.1026/03034-000

Nietzsche, F. (1878). *Menschliches, Allzumenschliches: Ein Buch für freie Geister*. Chemnitz: Schmeitzner.

Wirtz, M.A. (Hrsg.). (2020). *Dorsch – Lexikon der Psychologie* (19. Aufl.). Bern: Hogrefe. https://doi.org/10.1024/85914-000

Weiterführende Literatur

Blackledge, J.T. (2002). An introduction to relational frame theory: Basics and applications. *The Behaviour Analyst Today, 3*, 421–433. https://doi.org/10.1037/h0099997

Borkovec, T.D., Newman, M.G., Pincus, A.L. & Lytle, R. (2002). A component analysis of cognitive-behavioral therapy for generalized anxiety disorder and the role of interpersonal problems. *Journal of Consulting and Clinical Psychology, 70*, 288–298. https://doi.org/10.1037/0022-006X.70.2.288

Dyer, W.W. (1990). *Erfolg wird wahr. Leben in Fülle*. München: Münchner Verlagsgruppe. (Original erschienen 1989: You'll see it when you believe it)

Eifert, G.H. & Forsyth, J.P. (2005). *Acceptance & Commitment Therapy for anxiety disorders: A practitioner's treatment guide to using mindfulness, acceptance, and values-based behaviour change strategies*. Oakland, CA: New Harbinger.

Geen, R.G. (1995). *Human motivation: A social psychological approach*. Belmont, MA: Wadsworth Inc.

Hayes, S.C., Devany, J.M., Kohlenberg, B.S., Brownstein, A.J. & Shelby, J. (1987). Stimulus equivalence and the symbolic control of behaviour. *Mexican Journal of Behaviour Analysis, 13*, 361–374.

Hayes, S.C. & Gregg, J. (2001). Functional contextualism and the self. In J.C. Muran (Ed.), *Self-relations in the psychotherapy process* (pp. 291–311). Washington, D.C.: American Psychological Association.

Hayes, S.C., Strosahl, K.D. & Wilson, K.G. (2014). *Akzeptanz- & Commitment-Therapie. Achtsamkeitsbasierte Veränderungen in Theorie und Praxis*. Paderborn: Junfermann. (Original erschienen 1999: Acceptance and Commitment Therapy: An experiental approach to behavior change)

Hayes, S.C., Wilson, K.G., Gifford, E.V., Follette, V.M. & Strosahl, K.D. (1996). Experiental avoidance and behavioural disorders: A functional dimensional approach to diagnosis and treatment. *Journal of Consulting and Clinical Psychology, 64*, 1152–1168. https://doi.org/10.1037/0022-006X.64.6.1152

De Mey, H.R.A. (2003). *Behaviour analysis of language and cognition*. Unpublished syllabus, Radboud Universiteit Nijmegen, Department of Clinical Psychology.

Nietzsche, F. (1980). *Werke, Kritische Gesamtausgabe*. Berlin: de Gruyter.

Skinner, B.F. (1974). *About behaviourism*. New York, NY: Vintage Books.

Tauber, R.T. (1997). *Self-fulfilling Prophecy: A practical guide to its use in education*. Westport, CT: Praeger Publishers.

Vossen, C.J.C., Jansen, G. & Mey, H.R.A. de (2004). Acceptance and Commitment Therapy: Kennismaking met een nieuwe vorm van gedragstherapie [Akzeptanz- und Commitment-Therapie: Einführung in eine neue Form der Verhaltenstherapie]. *Psychopraxis, 6*, 101–105. https://doi.org/10.1007/BF03072152

Wells, A. (2002). GAD, metacognition, and mindfulness: An information processing analysis. *Clinical Psychology: Science and Practice, 9*, 95–100. https://doi.org/10.1093/clipsy/9.1.95

Williams, J.M.G., Teasdale, Z.V., Segal, J.D. & Kabat-Zinn, J. (2009). *Der achtsame Weg durch die Depression*. Freiburg: Arbor. (Original erschienen 2007: The mindful way through depression. Freeing yourself from chronic unhappiness)

Wilson, K.G. & Hayes, S.C. (1996). Resurgence of derived stimulus relations. *Journal of the Experimental Analysis of Behaviour, 66*, 267–281. https://doi.org/10.1901/jeab.1996.66-267